JN056981

第2版

完全講義
法律実務基礎科目
民事

司法試験

予備試験過去問
解説・参考答案

大島眞一【著】

発行 民事法研究会

はじめに

司法試験予備試験は平成23年から実施されている。それから十数年が経つ。この間、予備試験の受験者数は、平成23年が6477人であったが、令和４年には１万3004人と倍以上に伸びている。司法試験合格者のうち予備試験合格者の占める割合も、平成24年が2.8%（2102人中58人）にすぎなかったが、令和４年には28.2%（1403人中395人）と10倍まで増加している。今や司法試験の中で予備試験を無視することはできない存在となっている。

本書は、すでに一定の地位を得たと考えられる予備試験のうち『**法律実務基礎科目（民事）**』**の過去問の解説**をしたものである。それとともに、筆者が専ら予備試験受験生向けに著した『**新版　完全講義　民事裁判実務の基礎［入門編］〔第２版〕**』**も同時に改訂し**、『**完全講義　民事裁判実務　［基礎編］**』**と改題のうえ、両者の関連性を重視**した。つまり、『完全講義　民事裁判実務　［基礎編］』で学んだ知識力や思考力を使って「法律実務基礎科目（民事）」の過去問を解けるように、「関連性」を重視したものである（次頁図参照）。

なお、『完全講義　民事裁判実務　［基礎編］』の付録（法曹倫理：第14講・15講）は時間的に余裕のある方に向けてのものであり、第13講までと本書で学ぶと、「法律実務基礎科目（民事）」の対策としては足りると思われる。

予備試験合格者の中で司法試験に合格した者の割合は、令和４年で97%を超えている（予備試験合格者で司法試験受験者405人中、合格者395人）。法科大学院修了者の合格率が約38%（司法試験受験者2677人中、合格者1008人）であることからしても、合格率の高さがわかる。予備試験に合格すれば司法試験合格が相当確実なものとなる。予備試験をめざそうとする方は、その突破に向けてぜひ頑張っていただきたい。

本書の出版にあたって、民事法研究会の都郷博英さんには大変お世話になった。厚く御礼を申し上げたい。

最後に、本書を手に取られて勉強された方に、予備試験突破という吉報が届くことを心より期待して、はしがきの結びとしたい。

令和５年２月

大島　眞一

〈完全講義シリーズ相関図〉

【予備試験受験生向け】

『完全講義 民事裁判実務[基礎編]』

『新版 完全講義 民事裁判実務の基礎［入門編］〔第２版〕』改題

要件事実を中心に、事実認定、民事保全・執行、法曹倫理の基本的事項を解説

『完全講義 法律実務基礎科目[民事]〔第２版〕』(本書)

予備試験の過去問の解説＋参考答案

【司法試験受験生・司法修習生向け】 (2024年刊行予定)

『完全講義 民事裁判実務[要件事実編]』

『完全講義 民事裁判実務の基礎［上巻］〔第３版〕』改題予定

要件事実のみに徹して解説

【司法修習生向け】（２０２４年刊行予定）

『完全講義 民事裁判実務[実践編]』

『続 完全講義 民事裁判実務の基礎』改題予定

事実認定の解説、演習問題（要件事実・事実認定）

『完全講義 法律実務基礎科目［民事］〔第2版〕』

目 次

第９講　平成28年試験問題

第10講　平成29年試験問題

第13講 令和２年試験問題 ……161

第14講 令和３年試験問題 ……175

凡　例

〈法令等略語表〉

民	民法（明治29年法律第89号）
旧民	民法の一部を改正する法律（平成29年法律第44号）による改正前の民法
改正民法	民法の一部を改正する法律（平成29年法律第44号）による改正後の民法
民訴	民事訴訟法
民執	民事執行法
民保	民事保全法
借地借家	借地借家法
不登	不動産登記法
弁護士	弁護士法

〈判例集略称表記〉

民集	最高裁判所民事判例集

予備試験「法律実務基礎科目（民事）」のポイント

Ⅰ　勉強の範囲

『完全講義　民事裁判実務［基礎編］』（『新版　完全講義　民事裁判実務の基礎［入門編］』を改題。以下、「基礎編」という）の第13講までを読んでいただくと、予備試験「法律実務基礎科目（民事）」の対策として足りるものと思われる。法曹倫理（［基礎編］付録：第14講・15講）については、次の留意点の「1　もう1問」を参照されたい。

Ⅱ　留意点

予備試験の勉強や解答をするにあたり、留意すべき点としては次の３つがある。

1　もう1問

訴訟物、要件事実（主張）、事実認定（立証）以外に１問（小問の場合もある）出題されている。当初は法曹倫理が５年連続（サンプル問題を含めると６年連続）で出題されており、その傾向が続くのかと思っていたが、その後は、民事保全が３年続き、平成31年（令和元年）と令和２年は民事執行を問い、令和３年は民事保全を、令和４年は民事執行を問うている。民事保全や民事執行は、出題される範囲がかなり絞られており、［基礎編］で勉強すれば足りると思う。法曹倫理は、民法と異質の分野であり、最近は出題されておらず、［基礎編］に記載したが、50頁程度あり、その勉強をするかは難しい。司法修習生に聞くと、論文試験合格後の口述試験で問われるので、簡潔にまとめたものがあると便宜であるとのことであり、付録として第14、15講で記載することとした。論文対策としては、時間的に余裕があれば読んでおくことが考えられるものの、飛ばすという方法もある（その判断は各自でお願いしたい）。

なお、令和4年は民事訴訟法の出題があった。今後もその傾向が続くのかは定かではないが、民事訴訟法が「法律実務基礎科目（民事）」と関連していることを示しており、民事訴訟法もしっかり学んでおく必要がある。

2　問題に端的に答えること

予備試験の問題文は長文であり、問題数も多い。**このため各問に端的に答えていくこと**が求められる。たとえば、錯誤取消しの事案が出たとすると、「伝統的通説である二元説と近時有力な新一元説の対立があるが～」ということを書き始めると、間違いなく試験に落ちるであろう。そのようなことを書いている時間的余裕はない。それに、そもそも両説の違いによって当該事案で結論に差が出るのかということを考えなければならない。どちらの説をとっても、結論が同じであれば、二元説をとって簡潔に理由を書いておけば十分である。法律実務基礎科目であり、**当該事案について的確な判断を示しておく**ことが、より重要である。

3　事実認定

訴訟物、要件事実（主張）、事実認定（立証）のうちいわゆる二段の推定等のように、思考力のほか知識力が問われる問題は、［基礎編］を読んでもらうことで対応できる。

他方、純粋な事実認定問題は、適切な勉強方法は見当たらない。以下では解答のポイントを示したので、参考にしていただきたい。

⑴　誰の視点で書くのか

事実認定においては、まず**誰の視点で解答を書くのか**を間違えないことが重要である。裁判官の視点であれば自らの考えで解答すればよいが、原告や被告の代理人の立場で、と指定されていることが多いので、その場合は、その視点で考えなければならない。問題文の最後に、X代理人の立場で、あるいはY代理人の立場でと指示がされているので、まずそれを見て、その後に**問題文を指示された視点で読む**ことが大切である。

⑵　書証の重視

書証があればそれが重視される。書証の成立の真正が争われていることもあるので、その点の検討も必要である（ただし、まれにさほど重要ではない書証が提出されていることもあるが、なぜその書証が提出されているのかを理解すると、重要度がわかる）。たまに成立の真正が認められない書証もあるので、その書証は認定に使わないように注意。

⑶　重要な事実から

拾い上げる事実は複数あるのが通常であるが、答案では必ず**重要な事実から記載する**ことを忘れてはならない。たとえば、XがYに対して金銭を渡したかが争点であるとすると、①Y作成の領収書（成立に争いがない）、②Xが前日に自己の預金口座から金銭を引き出していること、③XにおいてXがYに金銭を貸したことを法廷で供述したこと、という証拠がある場合、①～③の順に重要であり（①ほど実質的証拠力が高い）、その順に検討することが求められる（③は、他の証拠から認められるのであれば、取り上げないことが多い）。

⑷　その他

問題文から、関係する事実を拾い上げる際、①**自らの根拠となる事実をあげる**、②**その後に、反対の事実に対する反論を記載する**、というのがよい。

書いている内容が変われば改行し、その段落に何を書いたのかが明確にわかるようにする。

⑸　まとめ

要するに、事実認定の問題は、問題文中に解答があるので、知識ではなく、**いかにその解答を見つけるか、その解答をいかに適切に答案に記載するか**ということがポイントである。

本書で、十数年分の問題を検討して、自分なりに工夫していただきたい。

第2講

前提として

これからサンプル問題を含め各年度の出題をみていくが、前提として、民事訴訟の基本構造を理解することが肝要であるので、簡単に記しておこう。

民事訴訟の基本構造としては、3段階（訴訟物、要件事実（主張）、事実認定（立証））に分かれることを理解することが重要である（以下は、要点のみを記すが、［基礎編］8頁～28頁を参照していただきたい）。

Ⅰ　訴訟物

民事訴訟は、原告が求める権利または法律関係の存否が認められるかを審理・判断する。物を売れば売買代金請求権（民555条）、金銭を貸せばその返還を求める貸金返還請求権（同法587条）という権利が発生する。その権利の実現を求めて民事裁判を提起する。売買代金請求権、貸金返還請求権という権利（訴訟物）が存在するかが審理の対象となる。被告がそれを認めた場合には**請求の認諾**となり、原告がそれを放棄した場合には**請求の放棄**となる（民訴266条）。

Ⅱ　要件事実（主張）

請求の認諾や放棄がない場合には、その権利（訴訟物）が認められるかを審理する。権利は、抽象的なものであり、直接証明することはできない。そこで、まず、当事者において、**権利関係を発生させる事実**を主張する必要がある。貸金返還請求権であれば金銭を貸したという事実を、売買代金請求権であれば物を売ったという事実を主張しなければならない。**法律効果が生じるのに必要最小限の事実を主張する**ことが必要であり、これを**主要事実**や**要件事実**と呼び（以下では「主要事実」という）、**訴訟物である権利の発生原因事実を「請求原因」**という。たとえば、訴訟物が売買代金請求権であれば、「XがYに対し甲自動車を100万円で売った」という事実が請求原因となる。

主要事実について、その事実を相手方が認めると、自白が成立し、それを判決の基礎としなければならない（民訴179条）。

弁済したなどという、**請求原因と両立し、請求原因から発生する法律効果を障害、消滅、阻止する事実を「抗弁」**と呼ぶ（以下、再抗弁、再々抗弁……と続く）。

問題文から請求原因や抗弁などが複数出てきてややこしい事案では、**ブロックダイアグラム**（20頁等参照）を作成するのが有益であるし、時の経過が込み入った事案では、時系列表（51頁等参照）を作成するのが有効である。要は、自分なりに理解しやすいようにすればよい。

Ⅲ　事実認定（立証）

主要事実について、相手方が否認すると述べた場合には、**その主要事実を証拠によって証明することを要し、その事実が認められることによって、権利関係が認められるという構造**になっている。予備試験では、事実認定は必ず出題され、量的にある程度書く必要があるので、一定のウエートを占めているといえる。

Ⅳ　ポイント

民事裁判実務を理解するうえで、最も重要なことは、こうした基本的な構造を理解し、今どの議論をしているのかを正確に把握することである。

民事訴訟の基本構造を図で示すと、〔図１〕のとおりである。

ポイントは、**「訴訟物」、「主張」、「立証」の３つのレベルがあり、どのレベルの議論をしているのかを意識する**ことである。そして、民事訴訟における審理も、おおむね訴訟物→主張→立証の順にされ、最終的に判決により、証拠に基づいて主張（要件事実）が認められるかが決められ、訴訟物につい

〔図1〕　民事訴訟の基本構造

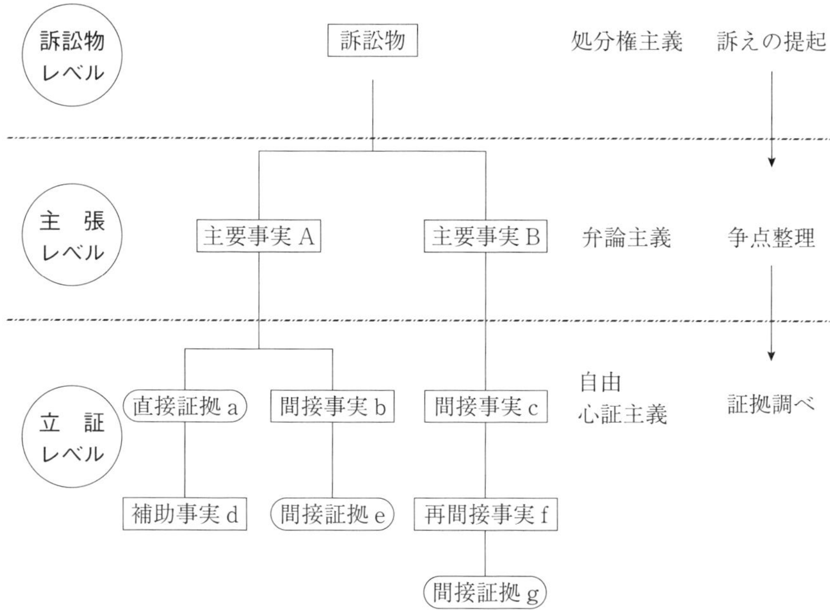

ての判断がされる。

予備試験おいても、過去の問題を分析すると、訴訟物、要件事実（主張）、事実認定（立証）の順に問われている。

以上を踏まえ、各年度の試験問題をみていこう。

☘*Coffee Break*　レンガの城より砂の城

1　元ダメ受験生の告解

「私は、法科大学院修了後、7年後に予備試験経由で合格しました」――このように自己紹介すると、ほとんどの方が私のことを努力家で苦労人だと誤解してくれます。

しかし、実際にはかなりのダメ受験生でした。どれくらいダメかというと、やる気がなさすぎて本試験答案に「森のくまさん」の歌詞を書き続けて時間を潰したことがあるレベルです。採点した試験委員の先生には怖い思いをさせてしまいました。受けない年もありました。

働いていたので、仕事の時間は「勉強しなくていい時間」と思って生き生きしていたくらいです。早く受験資格がなくなればいいのに、と思いながら過ごしていました。

司法試験は５回（５年間）受験することができます（かつては５年間で３回でした）。しかし、受験３回目以降の合格率がガクッと下がるのは周知のとおりです。人には向き不向きがあり、向いている人は２回目までに大方受かってしまうのだと思います。私は、法科大学院の最終学年の時点で、自分には受からないという謎の確信に満ちていました。司法試験受験業界で一般に言われている「向いてない人」の王道を歩んでいたからです。

「向いてない人」にも色々ありますが、私の場合は、試験対策上は長考しても意味のない事柄が気になり、やるべきことを疎かにする人でした。分野の特性上、このタイプは結構多いのではないかと思います。

率直に言って、業界で一般的に推奨される勉強の仕方は、「向いている人」向けだと思います。「向いていない人」向けには、せいぜい「細かいところに拘泥しない」、「基礎をしっかり」くらいのアドバイスが関の山でしょう。

実は合格者が心の中で感じているけれど、皆お上品なので口に出さないことや、「向いている人」が無意識に回避しているダメな姿勢というのは、実は結構あると思います。

以下、「向いてない人」の自覚的分析から、この点について述べてみます。

２　「優秀な人と一緒に勉強するとよい」の罠

優秀な人とゼミを組んで勉強することは推奨されます。確かに貴重な機会です。しかし、特に彼らに疑問点をぶつける際には、気をつけなければいけません。それは、「デキる奴は基本的に人の話を聞か（聞け）ない」ということです。デキる奴は頭の回転が早いので、１を聞いて10を知ります。こちらが何か言いかけると、すべて聞き終える前に「ああ、『あの話』ね」と合点します。

他方で、彼ら自身の疑問水準が高いところにあるがゆえに、または、彼らが試験に不要な議論を過大視しない能力に長けているがゆえに、実際には「あの話」はこちらの疑問とは大いにズレていたりすることが往々にしてあります。これでは議論がかみ合わず、お互いにとって有意義な時間とはなりません。

「自分の周りのデキる奴はそんなことないぞ」という方は、ラッキーです。

環境に感謝しましょう。または、あなた自身もデキル奴なのかもしれません。その調子で頑張ってください。

では、疑問はどうすればよいのか。教授や講師などに質問できる場合は、必ず「試験との関係で」と枕詞をつけて聞いてみるとよいと思います。というのも、それが学術色の強い疑問の場合、研究者は喜んで説明してくださいますし、また、面白いのですが、「向いていない人」はそのような説明を聞くと往々にして混乱してしまうからです。

独学の方は、ひとまず過去問の論点一覧表を見て、全くかすりもしないような疑問であれば、どこかにメモをしてその疑問は寝かせておくほうがよいかもしれません。

経験上、私がぐちゃぐちゃと時間を浪費していた疑問は、①関連する別の事柄の勘違い・理解不足、②学術上も煮詰まっていないので試験に出しにくい事柄、③納得できる回答をしようとすると答案作成上ハイコストすぎるので皆適当にごまかす事柄、④実務で問題にならない、のどれかに入っていたと思います。いずれも、寝かせておくと後で勝手に解決することが多かったです。

優秀な人というのは、自分より先を進んでいるのではなく、別の道を歩いていると考えたほうがよいかもしれません（なので、悲観することもありません）。

結論として、私は一人で勉強することでも十分でした。誰かと議論を交わさないと伸びないと思っているのであれば、それは幻想です。

3　「やる気」の罠

司法試験の勉強では、量より質などと言っている場合ではなく、限られた時間の中で量も質も要求されるのが実態だと思います。法科大学院修了後５年間まともに勉強ができなかった私でも、予備試験の合格発表から本試験までの10カ月間で1469時間、１日平均約５時間勉強しました。あれ、意外と……？と思うかもしれませんが、ぼんやりしている時間やトイレ休憩等を一切算入しない正味時間で計算すると意外と少ないのが現実です。

勉強量を考え始めると付き物なのが、「やる気がない自分はダメだ」問題です。「やりたくない→なぜってやる気がないから→やる気ない自分は情けない」というように、自分の内面に意識が向いてしまい、やる気の出る意識改革などを考えがちです。

しかし、自分の内面を悪い方向に考えると、勉強の質に悪影響があります。自分はダメだと思いながら勉強をして身につくはずがないし、なかなか改善にも結びつきません。

そこで、勉強する「行動」それ自体を、やる気という「気持ち」の問題から完全に切り離す必要があります。渋々やるとかやる気を奮い立たせる根性論ではなく、やる気とは無関係に、「勉強をするからするのだ」という思考で集中するのです。

私が見つけた具体的な方法は、過去の出題の番号を塗りつぶしのマス目化（方眼紙に、短答なら小問の肢レベルに、論文なら小問レベルに分解して、やり終えると塗りつぶしていく方法）し、勉強することをマス目の塗りつぶしの目的へと転換することでした。私の場合、短答の一つの肢の解説を読んでも納得できず、調べ始めて１日が終わるということもあったので、完璧にしてやろうという矛先を、理解したという実感を得る方向ではなく、方眼を塗りつぶすという方向に逸らす必要があったのです。

人によってハマるやり方は色々だと思います。この感覚を言葉で表すことは難しいですが、最近流行っている瞑想法の「マインドフルネス」も、結局は同じことを言っています。やる気問題に直面した人は、気持ちを切断する感覚をつかむために試してみるのもよいかもしれません。

そもそも、司法試験の勉強に関して、やる気でパフォーマンスが左右されるという考え方自体おこがましいと私は思います。私がそう考え始めたきっかけは、朝の眠気覚ましに毎日やっていたそろばんです。頭の冴え具合、指の回りの自己評価とスコアとの間に、全く相関関係がなかったのです（いかに自分の感覚のあてにならないことか）。

膨大な勉強量の前には、やる気の多寡など誤差でしかないし、そもそも受験生に自分の勉強のパフォーマンスや「質」の判断などできないのではないでしょうか。

４　「論証パターン読み込み」の罠

論文試験対策では論証の吐き出しをできるようにするのが定石ですが、私はこれが全く身につきませんでした。論証が何を言っているのかわからないからです。これは上位を取れる科目でも同じだったので、理解の問題ではないと思います。

論証パターンというものは真面目に向き合うと、スルメを噛むように、短文でよくここまで圧縮したなとじわじわわかるようになるのですが、一読すると端折りすぎていてわかりにくいものです。

「向いている人」は論証パターンを吸収して柔軟に使いこなすことが上手です。本当に立て板に水のように口から出てくる人が多くていつも感心していました。

私は結局最後までこの論証パターンの難儀を克服できず、武器にできませんでした。吐き出しですむ部分もその場その場で考えて書くので、いつも時間に追われて枚数が少なく、基本的に分量が求められる民事・刑事実体法の科目は取りこぼしが多かったです。

自分で論証を作る方法も推奨されますが、こだわって泥沼にはまる危険があります。私にとっての至善の策は、論証パターンで核となるフレーズだけを思い出せるようにすることでした。

論証パターンが自分に合わないのにそれによる勉強をダラダラ続けると、運用の練習に至らず、暗記で終わってしまいかねません。定石から外れる不安はありましたが、もっと早く吐き出し以外の方法を考えればよかったと思っています。

5　「理解すること」の罠

司法試験受験業界では、「暗記ばかりでなく理解しろ」とは言われますが、理解しようとする姿勢は批判されません。そこに罠があります。

まず、基礎を着実に積み上げるという言い方をしますが、それは文字どおり積み上げるのとはニュアンスが違います。同じ城でも、下から積み上げるレンガの城というよりも、まずざっくりと山を作り、次第に形を整えていく砂の城のほうが近いように思います。城を作るどの段階でも、しっかりできたといえる部分が見えないのです。しかも、できた城はすぐ崩れるかもしれない脆弱さです。

何が言いたいかというと、「理解できた」という確固たる実感がないと前に進めないという発想では危ないということです（レンガ城の工法で砂の城を作るのは難しい）。

確かに、よほど的外れな事柄でない限り、さまざまな疑問を考えることは、悪いことではありません。しかし、時間は有限です。理解に努める姿勢で自己満足していないか、常に自分に問いかける必要があります。

6 「人それぞれ」の罠

以上、どうにも一般論を斜にみるような内容ばかり述べてしまいました。勉強のやり方は人それぞれなのに、「向いている人」向けの定石にとらわれて気力をなくす人が少しでもいなくなれば、という気持ちからです。

しかし、少なくとも以下の３点については、人それぞれではなく、受かる人ほぼ全員に共通していると思います。

① 体調管理に気を遣うこと

② （上記３で述べたように）勉強のパフォーマンスを自分の内面と結びつけないこと

③ どうせ落ちると思ってやらないこと

予備試験は、短答・論文・口述と試験が続き、本試験に比べると精神的にも体力的にも負荷が大きかった記憶があります。条件は人それぞれだとは思いますが、等しく与えられた時間の中でベストを尽くせるよう、頑張ってください。

（松本里香・弁護士〔沖縄弁護士会所属〕）

第 3 講

予備試験サンプル問題

弁護士Lが依頼者Xから別紙【Xの相談内容】のような相談を受けたことを前提に、下記の各設問に答えなさい。

〔**設問1**〕　弁護士LがXの訴訟代理人としてYに対して訴え（以下「本件訴え」という。）を提起する場合について、以下の各小問に答えなさい。

小問1　本件訴えにおける明渡請求の訴訟物として何を主張することになるか。訴訟物が実体法上の個別的・具体的な請求権を意味するものであるとの考え方を前提として答えなさい。

小問2　本件訴えにおける明渡請求の請求の趣旨（訴訟費用の負担の申立て及び仮執行宣言の申立ては除く。）はどのようになるかを記載しなさい。

小問3　【Xの相談内容】第3項中のYの言い分を前提とした場合、本件訴えの訴状において、明渡請求についての請求を理由づける事実（民事訴訟規則第53条第1項）として、弁護士Lは次の各事実等を必要十分な最小限のものとして主張しなければならないと考えられる。

ア　Cは、平成21年8月3日当時、甲土地を所有していた。

イ　Aは、Xに対し、平成21年8月3日、甲土地を代金1500万円で売った。

ウ　Aは、イの際、Cのためにすることを示した。

エ　Cは、Aに対し、イに先立って、イの代理権を授与した。

オ　Yは、現在、甲土地を占有している。

請求を理由づける事実として、以上のような各事実等の主張が必要であり、かつ、これで足りると考えられる理由を説明しなさい。ただし、ウ及びエの事実については説明をしなくてよい。

小問４　【Ｘの相談内容】第３項中のＹの言い分を前提とした場合、Ｙから主張されることが予想される抗弁は何か。抗弁となるべき事実として必要十分な最小限のものを記載した上、その事実から生じる実体法上の効果を踏まえて、それが抗弁となる理由を説明しなさい。

なお、事実の記載に当たっては、小問３のアからオまでの記載のように、事実ごとに適宜記号を付して記載しなさい。

〔設問２〕 本件訴えが裁判所に提起され、各当事者から【Ｘの相談内容】第１項から第３項までに記載された各事実が口頭弁論あるいは争点及び証拠の整理手続の中で陳述された場合、裁判所は、当事者双方に対し、それぞれどのような事項についての釈明を求める必要があると考えられるか。結論とともに、その理由を説明しなさい。

〔設問３〕 弁護士Ｌは、Ｘから、「Ａに対し、甲土地の売買契約に関する一切の代理権を授与します。」との記載のある委任状の提出を受けた。この委任状には、Ｃ名義の署名押印がされていた。Ｘの話では、Ａは、Ｃからこの委任状を受け取ったと述べているようであるが、平成21年９月14日にＸがＹと会った際に、Ｙは、「この委任状のＣ名義の印影は私がＣとの間で作成した売買契約書のＣ名義の印影と同一であることは認めるが、Ｃが私と売買契約を締結しておきながらＡに代理権を与えることはあり得ないので、この委任状は何者かに偽造されたものに間違いない。」と言っていたとのことであった。

本件訴えが裁判所に提起され、Ｘの訴訟代理人である弁護士Ｌが、ＣのＡに対する代理権授与の事実を証明するための証拠として、この委任状を提出した場合、いずれの当事者がどのような立証活動をすることになるかを説明しなさい。

〔設問４〕 弁護士でないＡは、これまでも自分の取引の中で事件が起きるとそれを弁護士に紹介して謝礼金を受け取っていたが、今回もこれまでと同様に謝礼金をもらおうと、【Ｘの相談内容】に係る事件について、Ｘを弁護士Ｌに紹介した。弁護士Ｌが、Ｘから事件を受任し、その対価としてＡに謝礼金を支払うことに弁護士倫理上の問題はあるか。結論とともに、その理由を説明しなさい。

別紙

【Xの相談内容】

1　私は、平成21年5月ころ、新しい事業を立ち上げるために必要な土地を探していたところ、かねてからの友人であるAから、甲土地の紹介を受けました。Aによると、甲土地は、もともとBの所有地だったそうですが、Cが同年3月1日にBから贈与を受けて取得したものであり、Cは遠方に居住していることから、Aが売却の依頼を受けたとのことでした。私は、現地を見てみたところ、甲土地が気に入ったことから、甲土地を購入することにし、同年8月3日、Cの代理人であるAとの間で甲土地を代金1500万円で買う旨の契約を締結して、その日に内金500万円をAに支払いました。残金1000万円は、用意するのにしばらく時間がかかる見込みであり、また、Aによると、登記についても、登記関係書類をCから取り寄せる必要があり、手続には1か月程度かかるということでしたので、残金1000万円の支払は、同年9月30日に、甲土地の所有権移転登記及び引渡しと引換えに行うことにしました。

2　ところが、平成21年9月10日に甲土地を通り掛かったところ、甲土地の周囲に仮囲いがされており、「Yビル建設予定地」との看板が立っていました。驚いて、甲土地の登記記録を調べてみると、同年8月8日付けでY名義の所有権移転登記がされていました。

3　私は、直ちにその看板に書かれていたYの連絡先に電話したところ、Yは「私は、CがBから贈与を受けて取得した甲土地を、平成21年8月8日、Cから代金2000万円で買い、所有権移転登記をしてその引渡しも受けたのだから、甲土地は私のものだ。そもそも、Aが本当にあなた（X）との間で甲土地の売買契約を締結したかはよく分からないが、Cは私に甲土地を売ったのだから、Aに甲土地の売買についての代理権を授与していたはずはない。だから、あなたにとやかく言われる筋合いはない。」などとまくしたて、電話を切られてしまいました。そこで、私は、Aに連絡してみたところ、Aは、Cから、「確かに、私（C）は、Yとの間で、Yの言うとおりの売買契約を締結し、所有権移転登記と引渡しを済ませた。Yは、売買契約の際に代金のうち1000万円を支払ったが、残金1000万円については、数日後に入金が予定されている資金を充てたいということだったので、期限を特に定めないことにした。本当は代金完済まで登記をしたくなかったが、Ｙの強い求めがあり、この売買契約は代金が市価より高くて私にとってもメリットのあるものであったことから、Ｙを信じて登記に応じてしまった。ところが、Ｙは、数日待っても残金を支払わず、Ｙに問い合わせたところ、『もうしばらく待ってほしい。』と言うだけで、いつになったら支払うつもりかすら答えなかった。私は、もはやこのまま待つわけにはいかないと思い、同年９月10日、Ｙに対し、甲土地の売買契約を解除する旨の内容証明郵便を発送し、同郵便は同月11日にＹに到達している。この解除によってＹとの売買契約は既に無くなっているのだから、Ｙの言っていることはおかしい。」と聞いたとのことでした。

Ｃと Ｙとの間で甲土地の売買契約の残金が支払われたのかどうかの確認はしていませんが、ＣがＹとの売買契約を解除するとの内容証明郵便を出している以上、ＹがＣに対して残金を支払っているはずはありません。

４　私は、既に甲土地の利用を前提とした事業計画を立ててしまっており、甲土地にＹのビルを建てられると困りますので、Ｙに対し、甲土地の明渡しと登記手続を求めたいのですが、その裁判をお願いできませんでしょうか。

［関係図］

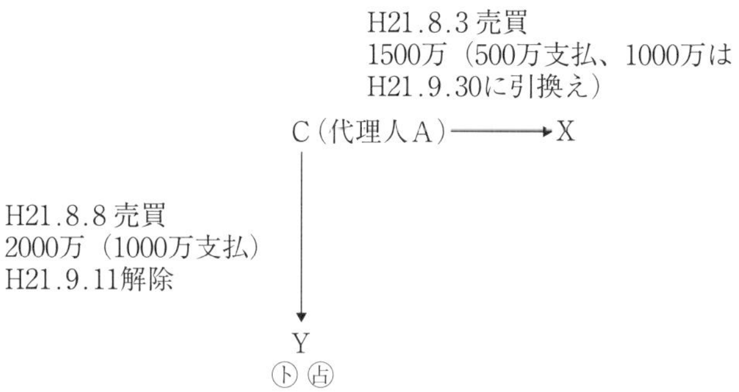

H21.8.3 売買
1500万（500万支払、1000万は
H21.9.30に引換え）

Ｃ（代理人Ａ）――→Ｘ

H21.8.8 売買
2000万（1000万支払）
H21.9.11解除

↓

Ｙ
㊦㊤

解　説

Ⅰ　訴訟物～〔設問１〕(小問１)(小問２)

1　訴訟物～〔設問１〕(小問１)

小問１は、訴訟物は何かを問う問題である。問題文になくても、訴訟物をまず踏まえる必要がある。その場合、必ずX（原告）の主張（言い分）から訴訟物を検討する必要がある。訴訟物については処分権主義がとられており、Xが訴訟物を自由に決めることができるからである。

本問では、XとY間には契約はなく、物権に基づく請求である。物権に基づく請求の場合、①物権の種類、②物権的請求権の種別、③具体的な給付内容によって特定する（[基礎編] 169頁）。

本問では、①は所有権である。②は、所有権に基づく物権的請求においては、返還請求権（ア)、妨害排除請求権（イ)、妨害予防請求権（ウ）の３種類があるが（民198条以下参照)、アとイの違いは占有による侵害か否かで決まる。本問では、甲の土地の所有権がYの占有によって侵害されているので、アの返還請求権となる（イは抵当権が設定されているものが典型例)。③は、本件における具体的な給付内容であり、土地の明渡しを求めている。

したがって、本件の訴訟物は、「所有権に基づく返還請求権としての土地明渡請求権」となる。

2　請求の趣旨～〔設問１〕(小問２)

訴訟物が決まると、請求の趣旨も決まる。

小問２では、「Yは、Xに対し、甲土地を明け渡せ」となる。主文では、現実に明渡しの職務をする執行官にわかりやすいように、請求の法的性質等は記載しない扱いである。

Ⅱ　請求原因～〔設問１〕(小問３)

小問３は、訴訟物が決まった後に、Xの明渡請求につき要件事実を問うものである。

訴訟物が決まると請求原因はおのずと決まる。「要件事実」という用語を抽象的な要件ととらえ、それに該当する具体的な事実を「主要事実」と呼んで区別するならば、訴訟物が決まると、要件事実は当然に決まってくる。典型契約であれば、成立要件は冒頭規定が要件事実を定めていることになる。

本問では、訴訟物が「所有権に基づく返還請求権としての土地明渡請求権」であるから、実体法上の要件は、

①　X所有
②　Y現占有
③　Yの占有が権原に基づくものではないこと

である（［基礎編］170頁）。本問では、代理が関係しているので、

ⅰ　代理人と相手方の法律行為
ⅱ　代理人による顕名
ⅲ　ⅰに先立って、本人が代理人にⅰについての代理権授与

も必要になる。

ア～エが①X所有、オが②Y現占有を意味している。問題文では、ウ、エは除かれているので、代理に関することは不要とする趣旨と考えられる。

①X所有については、所有権の来歴をすべて主張・立証する必要があるとするのは不可能を強いることになること、所有権は法的概念といっても、日常的な概念であり、一般人にとっても理解が容易であることから、所有権につき争いのない時点で権利自白を認めている（［基礎編］171頁）。本問では、Cが平成21年８月３日に甲土地を所有していた時点では争いがなく、それがアである。

イは、AがXに対して甲土地を売り、所有権が移転したことを示している（正確には、顕名（ウ）と代理権授与（エ）も必要）。

オは、②現在Yが占有していることを示している。物権的請求権は、物権の円満な実現が妨げられている現在の状況を排除するために認められたものであるから、Xにおいて、現在Yが占有していることを主張・立証する

必要がある（[基礎編］173頁)。

③のＹの占有が権原に基づかないことについては、Ｙが抗弁として権原に基づくことを主張すべきである。理由としては、所有権が妨げられている場合には、物権的請求権を行使できるのが原則であって、地上権、賃借権等の利用権原の存在は例外的な事態であるから、利用権原を有すると主張する側が主張・立証すべきだからである（[基礎編］170頁)。

Ⅲ　抗弁～〔設問１〕(小問４)

小問４は、問題文から、①抗弁は何か、②抗弁となるべき要件事実（必要十分な最小限のもの）を記載し、③実体法上の効果を踏まえて抗弁となる理由を説明すること、が求められている。

関係図から明らかなとおり、Ｃは、Ｘ（代理人Ａを通じて）とＹの両者に甲土地を売却している。二重譲渡であるが、Ｙは、登記を得ているのであるから、対抗要件具備による所有権喪失の抗弁を主張することになる（登記がＣのままだと対抗要件の抗弁を、登記がＸに移っていると背信的悪意者を、可能なら主張することになる)。

対抗要件具備による所有権喪失の抗弁の要件事実は、

> ①　ＣからＹへの所有権移転原因事実（相手方の対抗要件の不存在を主張する正当な利益を有する第三者であることの事実）
> ②　①に基づく対抗要件の具備

である（[基礎編］184頁)。具体的には、

> ①　Ｃは、平成21年８月８日、Ｙに対し、甲土地を代金2000万円で売った。
> ②　Ｃは、同日、Ｙに対し、①の売買契約に基づき、甲土地の所有権移転登記手続をした。

となる。抗弁となる理由は、次のとおりである。Ｙが所有権移転登記を具備すると、Ｙが確定的に甲土地の所有権を取得し、それと同時に、一物一権主義により不完全な所有者であったＸの地位は失われる。したがって、

〔図2〕 ブロックダイアグラム

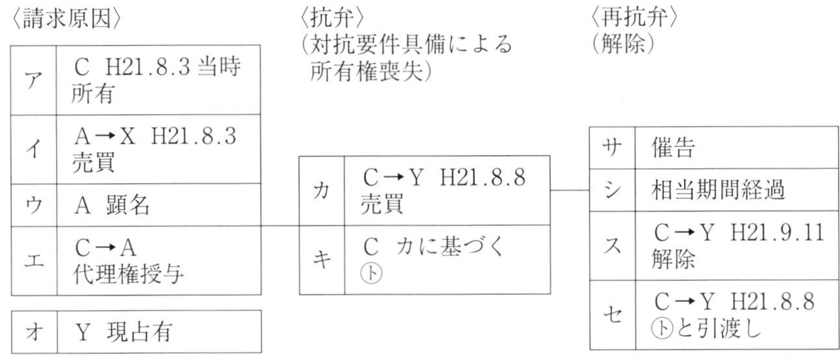

Yが、対抗要件を具備した旨の主張は、Xが所有しているとする請求原因の法律効果の発生を障害するものとして、抗弁となる。

Ⅳ　再抗弁～〔設問2〕

〔設問2〕は、各当事者から、【Xの相談内容】第1項から第3項までに記載された各事実が陳述されたことが前提になっている。Yの相談内容は記載がないが、【Xの相談内容】の第3項に出てくることを述べたということである。

Xは、対抗要件具備による所有権喪失の抗弁に対する再抗弁として、C—Y間の甲土地の売買契約が解除された旨主張している。その要件事実は、

①　催告 ②　催告後相当期間の経過 ③　相当期間経過後の解除の意思表示 ④　催告に先立つ反対給付の履行の提供または先履行の合意

である（［基礎編］131頁）。

③は平成21年9月11日に解除の意思表示をしており、④は売買代金支払の反対給付である甲土地の所有権移転登記と引渡しがされているので、本問では問題にならない。ところが、①は、問題文に「期限を特に定めないことにした」とあるので、催告により遅滞が基礎づけられることになるが、催告の

事実が出てこない。あるいは、問題文中に「Yに問い合わせたところ、『もうしばらく待ってほしい。』と言うだけで、いつになったら支払うつもりかすら答えなかった」とあるので、問合せの事実を「催告」と考えることはできなくはないが、時期も明確ではない。そこで、催告の事実の有無と時期について釈明すべきである。

Yに対しては、【Xの相談内容】によると、「CとYとの間で甲土地の売買契約の残金が支払われたのかどうかの確認はしていません」とあるので、残代金の支払の有無と、支払ったとすると、その時期を釈明すべきである（Xは、続けて「CがYとの売買契約を解除するとの内容証明郵便を出している以上、YがCに対して残金を支払っているはずはありません」と述べるが、推測であり、Yに対し支払の有無と、支払っていたとすると、その時期を釈明すべきである）。

本問では、催告→解除の時期と残代金の支払の時期によって売買契約の解除が有効にされたかが決まることになる（解除の意思表示が早ければ有効な解除であるし、代金支払の時期が早ければ解除は効力を有しないことになる）。

なお、あくまで事実について釈明と考えられるので、証拠関係の釈明は不要である。

V　事実認定～〔設問３〕

〔設問３〕は事実認定の問題である。

Yは、「この委任状のC名義の印影は私がCとの間で作成した売買契約書のC名義の印影と同一であることは認めるが……この委任状は何者かに偽造された」と述べる。２段の推定の問題である（［基礎編］341頁参照）。

まず、C名義の印影が真正であることを認めていると考えられるので、１段目の推定により、印影はCが押したものと事実上推定される。これは、印鑑は慎重に管理されており、第三者が容易に押印できないという経験則を根拠としている。第１段の推定が認められると、民事訴訟法228条４項により、その文書が真正に成立したものと推定される。本人の押印がある場合には、当該文書は本人の意思によって作成されたものと通常考えられるという経験則に基づく。なお、これらは事実上の推定（［基礎編］341頁参照）にとどまるので、立証責任を転換させるものではない。

このように、本問は、２段の推定が働くことを前提として、いずれの当事者がどのような立証活動をすることになるか、という問いである。

Ｙが２段の推定を妨げるべく立証活動をすることになる。具体的には、１段目の推定を妨げる立証活動として、印鑑の紛失、盗難があったこと（盗用型）、他の目的で預けた印鑑が悪用されたこと（冒用型）などを立証する。２段目の推定を妨げる立証活動としては、白紙に署名したこと、他の書類と思い込まされて押印したことなどを立証する。これらの立証活動により、真正に成立したことにつき疑いが生じれば、立証活動は成功することとなる。

Ⅵ　法曹倫理～〔設問４〕（［基礎編］類題379頁）

〔設問４〕に答えるためには、弁護士職務基本規程の中から該当する条文を探し出さなければならない。ざっとどのような条文の構造になっているかを理解しておくとよいが……。

弁護士職務基本規程11条は、弁護士法27条の趣旨をそのまま取り入れ、弁護士が、いわゆる非弁活動を行う無資格者と提携して、これらの者をはびこらせ、またはその暗躍を助長することを禁止し、弁護士の職務の公正と品位を保持しようとする趣旨の規定である。Ａは、弁護士でないにもかかわらず、弁護士に事件を紹介して謝礼金を受け取ることを行っており、このようなＡに対して謝礼金を支払うことは弁護士職務基本規程11条、12条に反し、許されない。

また、弁護士職務基本規程13条１項は、依頼者の紹介を受けて、これに対し対価を支払うことは、事件の周旋を業とする者との結びつきを強め、ひいては弁護士の品位を損なうことになるおそれが高いことから、依頼者の紹介を受けたことに対する謝礼を支払ってはならないことを規定している。そうすると、弁護士Ｌは、Ａから紹介を受けたとしてＡに対して謝礼金を支払うことは弁護士職務基本規程13条１項に反し、許されない。弁護士が関係者から依頼者の紹介を受けるというのは、何ら対価を発生させるような職務ではないのである。

法務省公表の出題趣旨

本問は、具体的な事例を前提として、訴訟代理人として訴えを提起する場合の訴訟物の把握、実体法の理解を踏まえた攻撃防御方法の把握、訴訟において裁判所の果たすべき役割についての理解、事実認定についての基本的な知識及び法曹倫理に関する基本的な理解等を問う問題である。

主に、法科大学院における法律実務基礎科目（民事訴訟実務の基礎）の教育目的や内容を踏まえて、民事訴訟実務に関する基礎的な素養が身についているかどうかを試すものであるが、これと併せて、検討した内容を文章として的確に表現する能力をも求めている。また、法曹倫理についても、法科大学院における法律実務基礎科目の内容とされていることから、典型的な事例を通じて、その基礎的な素養を身につけているかを問うものである。

設問１は、主に、当事者から相談を受けた弁護士が、訴えを提起する場面における問題である。

小問１及び２は、訴訟において審判を求める対象となる訴訟物及び請求の趣旨についての基本的な理解を問うものである。

小問３は、訴訟物たる権利の発生原因である請求原因事実について、実体法の要件を踏まえた説明を求めるとともに、所有という法的評価について権利自白を認める理由やその機能についての説明を求めるものである。

小問４は、当事者の主張の中から抗弁となるべき具体的事実を抽出させるとともに、実体法の効果を踏まえて、なぜ当該主張が抗弁と位置づけられるのかの説明を求めるものである。

小問３及び４は、実体法の要件や効果についての理解をいかして、具体的な事例を攻撃防御の観点から的確に分析し、かつ、その理由を実体法の理解を踏まえて説明することができる能力が備わっているかを試すことを目的とするものである。

設問２は、訴えが提起された後における裁判所の役割を問う問題である。裁判所は、当事者の行った主張を攻撃防御の観点から的確に分析するとともに、必要に応じて、当事者に対し、主張に不十分な点があればこれを補充するよう促し、また、争いのある事実についてはその立証を促すなどしながら、争点及び証拠の整理をすることになる。このような裁判所の訴訟運営や争点等の整理に係る当事者の訴訟活動が実体法の要件や効果を踏まえて行われるものであることを理解し、具体的な事例の中で争点等を整理するために必要となる事項を指摘することができる能力が備わっているかを試すことを目的とするものである。

設問3は、事実認定に関する基礎知識の一つである文書の成立の推定（いわゆる二段の推定）に関する理解を問う問題である。ここでは、訴訟において、文書を証拠として裁判所に提出する場合、提出者がその真正を立証する必要があることを前提として、成立の真正が推定される場合に、立証責任の転換が生じるのか否かや、それを踏まえて、いずれの当事者がどの程度の立証活動を行うべきことになるのかについて、具体的事例に即して論じることが求められる。

設問4は、弁護士倫理に関する基本的な理解を、非弁護士との提携の禁止等を含む典型的な事例に即しつつ、問う問題である。法曹倫理の中でも弁護士倫理については、弁護士法のほか、弁護士職務基本規程にも様々な規律が定められているので、設問で問われている弁護士倫理の条項を正確に示して説明することが求められる。

なお、本問における配点の比率は、例えば、設問1から4までで、10：4：3：3とすることが考えられる。また、その場合の設問1における配点の比率は、例えば、小問1から4までで、1：1：4：4とすることが考えられる。

【参考答案】

〔**設問1**〕

小問1

所有権に基づく返還請求権としての土地明渡請求権

小問2

Yは、Xに対し、甲土地を明け渡せ。

小問3

所有権に基づく返還請求権としての土地明渡請求権が認められる実体法上の要件は、①Xの所有、②Yの現占有、③Yの占有が権原に基づかないことである。

①X所有については、所有権の来歴をすべて主張・立証する必要があるとするのは不可能を強いることになること、所有権は法的概念といっても、日常的な概念であり、一般人にとっても理解が容易であることから、所有権につき争いのない時点で、権利自白を認めている。本問では、平成21年8月3日にCが甲土地を所有していた時点では、争いがなく、それがアである。

イは、C（代理人A）がXに対して甲土地を売り、Xに所有権が移転していることを示している。

オは、②のYが現在占有していることを示している。物権的請求権は、物権の円満な実現が妨げられている現在の状況を排除するために認められたものであるから、Xにおいて、現在Yが占有していることを主張・立証する必要がある。

③のYの占有が権原に基づかないことについては、Yが、抗弁として、権原に基づくことを主張・立証すべきである。所有権が妨げられている場合には、物権的請求権を行使できるのが原則であって、賃借権等の利用権原の存在は例外的な事態であるから、利用権原を有すると主張する側が主張・立証すべきであるからである。

よって、ア～オの事実を主張することを要し、かつ、それで足りる。

小問4

Cは、X（代理人Aを通じて）とYの両者に甲土地を売却している。二重譲渡であるが、Yは、所有権移転登記を得ているのであるから、「対抗要件具備による所有権喪失の抗弁」を主張することになる。

その要件事実は、①CからYへの所有権移転原因事実（相手方の対抗要件の不存在を主張する正当な利益を有する第三者であることの事実）、②①に基づく対抗要件の具備である。具体的には、「①Cは、平成21年8月8日、Yに対し、甲土地を代金2000万円で売った」、「②Cは、同日、Yに対し、①の売買契約に基づき、甲土地の所有権移転登記手続をした」となる。

抗弁となる理由は、次のとおりである。二重譲渡の場合、Yが所有権移転登記を具備すると、Yが確定的に甲土地の所有権を取得し、それと同時に、一物一権主義により、不完全な所有者であったXの地位は失われることとなる。したがって、Yが、対抗要件を具備した旨の主張は、Xが所有しているとする請求原因の法律効果の発生を障害するものとして、抗弁となる。

〔設問2〕

Xは、対抗要件具備による所有権喪失の抗弁に対する再抗弁として、C−Y間の甲土地の売買契約が催告により解除された（民541条）旨主張している。その要件事実は、「①催告、②催告後相当期間の経過、③相当期間経過後の解除の意思表示、④催告に先立つ反対給付の履行の提供または先履行の合意」である。

このうち、①は、本問では、期限を定めていないので、催告により遅滞が基礎づけられるが、催告の事実が出てこない。そこで、Xに対し、催告の事実の有無と催告しているとすればその時期について釈明すべきである。

Yに対しては、Xの相談内容によると、「CとYとの間で甲土地の売買契約の残金が支払われたのかどうかの確認はしていません」とあるので、残代金の支払の有無と支払ったとするとその時期を釈明すべきである。

本問では、解除の意思表示の時期と残代金の支払の時期によって売買契約の解除が有効にされたかが決まることになる（解除の意思表示が早ければ有効な解除であるし、代金支払の時期が早ければ解除は効力を有しないことになる）。

〔設問３〕

いわゆる２段の推定の問題である。まず、Ｙは、Ｃ名義の印影が真正であることを認めているので、１段目の推定により、印影はＣが押したものと事実上推定される。これは、印鑑は慎重に管理されており、第三者が容易に押印できないという経験則を根拠としている。第１段目の推定が認められると、民事訴訟法228条４項により、その文書が真正に成立したものと推定される。本人の押印がある場合には、当該文書は本人の意思によって作成されたものと通常考えられるという経験則に基づく。

このように、本問では、２段の推定が働くので、Ｙとしては、２段の推定を妨げるべく立証活動をすることになる。具体的には、１段目の推定を妨げる立証活動として、印鑑の紛失、盗難があったことや印鑑を他の目的で預けたものが悪用されたことなどを立証する。２段目の推定を妨げる立証活動としては、白紙に押印したことなどを立証する。立証責任の転換がされているわけではないので、これらの立証活動により、当該文書につき真正に成立したことに疑いが生じれば、文書の成立の真正は認められないことになる。

〔設問４〕

弁護士倫理上の問題がある。

弁護士職務基本規程11条は、弁護士が、いわゆる非弁活動を行う無資格者と提携して、これらの者をはびこらせ、またはその暗躍を助長することを禁止する規定である。Ａは、弁護士でないにもかかわらず、弁護士に事件を紹介して謝礼金を受け取ることを行っており、このようなＡに対して謝礼金を支払うことは、同条に反し、許されない。

また、同規程13条１項は、依頼者の紹介を受けて対価を支払うことは、事件の周旋を業とする者との結びつきを強め、ひいては弁護士の品位を損なうことになるおそれが高いことから、依頼者の紹介を受けたことに対する謝礼を支払ってはならないことを規定している。そうすると、弁護士Ｌは、Ａから紹介を受けたとしてＡに対して謝礼金を支払うことは同項に反し、許されない。

〔司法試験予備試験のサンプル問題に関する有識者に対するヒアリングの概要〕

(法律実務基礎科目(民事))

(◎:委員長、○:委員、□:有識者、△:事務局)

◎ 先生方におかれては、御多用にもかかわらず、当委員会に御出席いただき感謝申し上げる。まず、検討結果につき御説明いただき、その後、質疑応答とさせていただきたい。

□ 法律実務基礎科目(民事)のサンプル問題については、資料3を御覧いただきたい。まず、論文式試験のうち法曹倫理以外の部分について、説明したい。

まず、問題を作成するに当たっての基本的な考え方についてであるが、司法試験法にあるとおり、法科大学院の課程を修了した者と同等の学識及び応用能力並びに法律に関する実務の基礎的素養を有するかどうかを判定するという予備試験の目的や、法科大学院を経由しない人にも法曹資格を取得する途を確保するために設けられたという趣旨を踏まえ、問題を作成するに当たっては、法科大学院における教育の目的や内容を踏まえたものとすることを基本的な考え方とした。また、試験時間は1時間30分程度とのことであったので、その時間内に解答可能な程度の分量にするということと、解答の分量が資料6の答案用紙に収まる程度のものにするということを考え、質問の仕方などを工夫して、そのような問題としたつもりである。

内容については、出題趣旨として記載したとおりであるが、ごく簡単に説明したい。このサンプル問題は、具体的な事例を前提として、訴訟代理人として訴えを提起する場合に、訴訟物を把握し、実体法の理解を踏まえて攻撃防御方法を把握できるかどうかということ、次に、訴訟において裁判所が果たすべき役割について理解しているかどうかということ、さらに、事実認定についての基本的な知識があるかどうかということを見ようとするものである。併せて、論文式試験であるので、自分の知識や検討した内容を文章として的確に表現できる能力も求めている。

個別の設問について申し上げると、設問1については、主に、当事者から相談を受けた弁護士が訴えを提起する場面を念頭に置いている。小問1と小問2は、訴訟物と請求の趣旨を問う問題である。小問3は、最初から要件事実を記載させるという方法は採らず、このような事実を請求原因事実として必要十分な最小限のものとして主張することを考えなければならないということを示した上で、実体法の要件を踏まえ、なぜこのような事実を必要十分な最小限のものとして書かなければならないのかということを問う形とした。要件事実の記載の仕方に関する技術的な部分で受験者を悩ませないようにすることも考えて、このような形をとることとした。小問４は、本来であれば原告の相談内容から被告の抗弁が直接出てくるわけではないのだが、このサンプル問題では、被告がこのような主張をしている、あるいは反論をしているということを事例の中に書き込んである。代理人であれば、当然、相手方からどのような抗弁が予想されるのかということを常に念頭に置いて訴訟活動を行うこととなるので、この小問では、依頼者の言い分の中から相手方の抗弁となる具体的な事実を抽出させることとしている。小問３のアからオまでで事実の記載方法の例を示しているので、それを踏まえた上であれば、具体的な事実を抽出させ、整理して記載させることもさほど困難ではないであろうと考え、このような形とした。さらに、小問４では、具体的事実の抽出だけではなく、実体法の効果を踏まえた上で、なぜ当該主張が抗弁と位置付けられるのかということの説明を求めている。このように、小問３と小問４で、実体法の要件と効果をきちんと理解できているかどうか、そして、攻撃防御の観点から具体的な事例を的確に分析できるかどうか、かつ、それを説明することができるかどうかということを見ようとしている。

設問２については、設問１から場面を少し変えて、訴えが提起された後の場面を設定した上で、裁判所の役割を問うこととしている。これは、いわゆる訴訟運営の問題ということになるが、現在、多くのロースクールにおいて、「民事訴訟実務の基礎」などの講義の中でこのような観点からの授業が行われていると理解している。司法修習委員会が出している平成21年３月５日付けの「法科大学院における『民事訴訟実務の基礎』の教育の在り方について」という文書においても、訴訟運営について「民事訴訟実務の基礎」の授業の中で取り上げるべきものとされており、法科大学院課程の修了者と同程度の素養を持っているかどうかということを確認するためには、やはりこのような問題も出題することが適当であろうと考えた。もっとも、本格的な訴訟運営については司法修習生になってから学ぶべきことであるので、ここでは本格的な内容を問うことまでを目的とはしていない。むしろ、ここでは、実体法の理解を踏まえた上で訴訟運営が行われるということを理解しているかどうかということを基本的な問題で試すこととしている。

設問３は、事実認定に関する基礎知識についての問題である。ここでは、典型的な問題である文書の成立の推定、いわゆる二段の推定に関する理解を問うている。本格的な事実認定は司法修習生になってから学ぶべきものだが、事実認定に関する基礎的な知識については、法科大学院で基本的には講義をしていると理解しており、この出題によってその理解ができているかどうかということを確認できると考えている。

□　論文式試験のうち法曹倫理については、私の方から御説明申し上げる。法曹倫理という場合には、法曹三者それぞれの倫理を考えることができると思うが、事件関係者との直接的なかかわりという視点から考えると、弁護士倫理が主要なポイントになるだろうと考え、設問４では、弁護士倫理について問うこととした。設問４の事例は、いわゆる非弁提携の問題と、弁護士が関係者から紹介を受けて対価を支払うということが弁護士倫理上どう考えられるのかを問うという視点から設定した。いずれも典型的な弁護士倫理上の問題だと考え、サンプル問題として取り上げることとした。

（以下、口述試験に関する記述があるが、中略）

○　論文式試験については、解答の分量の制限はあるのか。

△　お示しした資料６の答案用紙は、旧司法試験と同様、A4で４ページ分としている。

□　旧司法試験の場合は、１問当たり１時間だが、予備試験の実務基礎科目は１時間30分程度とされているので、旧司法試験よりは解答の分量が多くなる可能性もあるかと思う。また、設問ごとに解答の分量を考え、論述にメリハリをつけるというのも一つの大事な能力ではないかと思うので、それを見るために、実際の問題を作成する段階で、配点の比率を示すかどうかについても検討してはどうかと思う。

□　サンプル問題の検討に当たって苦労した点の一つには、試験時間や答案用紙の分量との関係がある。検討メンバーの間では、試験時間を１時間30分とし、かつ、解答をA4用紙４枚で収めさせるようにするということを強く意識して、検討を行った。例えば、設問１の小問３については、検討の当初の段階では、当然のことながら受験者に請求原因事実を記載させることを考えたが、その後の設問の流れを考えていくと、１時間30分ではとても時間が足りないと思われた。そこで、先ほど別の検討メンバーから御説明申し上げた点のほか、時間の点も考えて、この小問では、請求原因事実そのものは問題文で示して、理由を聞くだけにとどめることにした。

◎　予備試験はどのような人が受験するかとらえ切れないという難しさがある。大金をはたいて受験予備校に通う人はともかく、一人でこつこつ勉強する人にとって、このサンプル問題が難しすぎるということはないか。

□　司法研修所が編集して市販されている『問題研究 要件事実』という書籍が法科大学院の教科書として最も良く利用されていると思うが、基本的には、そこに出てくる知識を十分理解していれば書ける程度の問題としている。ただ、単に要件事実を挙げさせるのではなく、なぜこれらが請求原因事実として必要なのかについて説明させるという点と、なぜ抗弁になるのかについて効果を踏まえた機能を説明させるという点は、基本的な実体法の理解があれば解答できるが、単に要件事実を書かせることに比べると、難易度が上がっているかもしれないと思う。

○　法科大学院の教育を受けていない人に対しても、問題としては、基本的な良い問題だと思う。

○　予備試験については、簡易で容易なものとすべきだとの意見が一部に見受けられる。このサンプル問題を作成するに当たり、法科大学院修了者と同程度の能力を判定するという観点から、問題の水準についてどのような検討をされたのかについて、お伺いしたい。

□　先ほど別の検討メンバーから説明のあった口頭で議論する能力に加えて、法科大学院では、分かりやすい法律文書を書く訓練を重視している。限られた時間の中で、メリハリをつけて、ほかの人が読んで分かりやすい文章を的確に書けるということは、法科大学院修了者と同程度かどうかを見るに当たって、重視すべき点であると考える。そのようなことも考え、比較的基本的な問題にして、文章力を問うことができるものとした。

□　法科大学院修了者と同程度の能力と問題との関係をどのように考えるかということには、どのような方針で採点を行うかということもかかわってくるのではないかと思う。例えば、設問２は、訴訟運営の観点から的確にこの点を取り上げた教科書が必ずしもあるわけではないので、ある意味では難しいととらえられる面もあるかもしれないが、この事例の中では、ＣがＹに催告したかどうか、つまり、解除の要件が満たされているかどうかということをあえてぼかしてある。したがって、民法の基本的な理解ができていれば、この点に気付いて書くことができるはずであって、例えば、この点が書けていればある程度評価するというような柔軟な見方をするのであれば、法科大学院修了者よりもいたずらに高い到達水準を求めるようなことにはならず、法科大学院修了者と同程度の到達水準を適切に測ることができるのではないかと思う。また、口述試験についても、誘導の仕方を工夫し、どの程度の誘導でどの程度答えられるのかという点を見れば、その受験者の到達水準がどの程度であるのかを適切に見極められるのではないかと思う。そのことも考えると、問題が難しくて過大な要求を課しているとは思わない。

□　この検討メンバーは、５名のうち４名が法科大学院の教員の経験を持っており、このサンプル問題の作成に当たっては、法科大学院修了者と同程度の能力を測るという観点を十分に意識した。作成の過程では、司法試験法が予備試験に対して求めている水準がどの程度か、その水準とサンプル問題の内容・難易度・分量との関係はどうかということを何度も議論した。

☘*Coffee Break* アメリカでの出産

私は、大阪で弁護士として働いて３年たった頃、夫がアメリカのカリフォルニア州にあるロースクールに留学することとなり、2019年８月から子ども（第一子）とともにアメリカに移住した。アメリカ生活はカルチャーショックの連続でとても刺激的な毎日だったが、そのなかでも特に印象的だったアメリカでの出産（第二子）について、日本と比較しながらお話ししたい。

まず、日本での出産との大きな違いが、出産費用である。日本では、公的な検診費の助成があるため基本的に低額で済むが、アメリカで私が受診した病院では、１回あたり約12万円の診察料がかかった。それが毎月、出産直前には毎週かかるため、大変な費用である。それに加えて分娩費用となると、とても保険がないと賄えない。幸いにして私は保険に加入していたため、全額保険で賄うことができた。高額な医療費を払うのだから、さぞかし手厚く診てもらえるだろうと思いきや、そんなことはなく、基本的には体重を測り、問診をして終わり。「日本では毎回エコーで診てもらえるのに」と医師に言うと、「元気なのがわかっているのに不必要に診る必要ないでしょう」と言われた。そもそもの医療費が高い分、無駄な診察を省き、できるだけ医療費を抑えるという合理的な考えである。

一方、日本より進んでいることも多々ある。日本では検診でエコー映像を見て、性別を判断するが、アメリカでは早々に（私の場合は11週目）遺伝子検査を行い、胎児の遺伝子異常や性別がわかる。検査結果はメールで届いた。ドキドキしながらメールを開くと、謎のムービーが始まる。感動的な誰かの子どもの成長ムービーが流れた最後に、風船がパアっと出てきて結果は、――女の子！性別報告の仕方も実にアメリカ的でおもしろかった。

分娩の時はもちろん麻酔が使われる。第一子は日本の自然分娩推奨派の病院で出産したため、どんなに苦しくても陣痛促進剤を使ってもらえず、ひたすら木馬やバランスボールに乗って陣痛に耐えながら出産した。それに対して、今回は麻酔のおかげで、テレビでサッカーを見ながら夫と談笑をする余裕まであった。少しでも痛くなったら麻酔のボタンを自分で押して痛みを和らげることができる。同じ時期に出産した友人は「麻酔セルフ方式おかわりし放題」と呼んでいた。出産の段階になると、ナースから「プッシュ！（いきんで)」と言われ、いきむと「ビューティフル！」と褒めてもらえる。数回のプッシュで第２子が誕生した。かくして無事アメリカでの出産を終え、翌日には自宅に帰ったのであった。

なお、この話は、私の経験談を話しているため、アメリカで出産するすべての方にあてはまることではないことにはご留意いただきたい。

他にもアメリカ生活のなかでは、他の外国人留学生や、現地で仲良くなった友人、その家族とパーティ・イベントなどで英語やスペイン語で交流したり、ときにはマンションの設備の不備について管理会社に英語で交渉をしたり、たくさんの貴重な経験をすることができた。新型コロナウイルスが猛威を振るうなか、各国の人々の新型コロナウイルスに対する対応の差を感じることもあったし、人種差別を目の当たりにすることもあった。外国人として外国で過ごすことによって、自分が日本人であることを再認識し、日本の良さ、外国で暮らすことの素晴らしさ、難しさ、文化の違いや多様性について、自分の価値観を一新することができた。

皆さんには、法曹となった後、ご自分の眼で日本と外国との違いを体験していただきたい。その前にある司法試験をぜひ突破していただきたい！

（渡邊奈美・弁護士［大阪弁護士会所属]）

平成23年試験問題

この年は、貸金返還請求権について旧商法522条（５年の消滅時効）が適用されることを前提としての問題である。現民法に合わせると、「権利を行使することができることを知った時」（主観的起算点）から５年（民166条１項１号）と同じことになり、問題文の別紙【Xの相談内容】の「文房具店を営んでおり」等は不要ということになる。

〔設問１〕

別紙【Xの相談内容】は、弁護士PがXから受けた相談の内容の一部を記載したものである。これを前提に、以下の問いに答えなさい。

弁護士Pは、Xの依頼により、Xの訴訟代理人として、AY間の消費貸借契約に基づく貸金返還請求権を訴訟物として、Yに対して100万円の支払を請求する訴え（以下「本件訴え」という。）を提起しようと考えている（なお、利息及び遅延損害金については請求しないものとする。以下の設問でも同じである。）。弁護士Pが、別紙【Xの相談内容】を前提に、本件訴えの訴状において、請求を理由づける事実（民事訴訟規則第53条第１項）として必要十分な最小限のものを主張する場合、次の各事実の主張が必要であり、かつ、これで足りるか。結論とともに理由を説明しなさい。

① 平成16年10月１日、Yは、平成17年９月30日に返済することを約して、Aから100万円の交付を受けたとの事実

② 平成22年４月１日、Aは、Xに対して、①の貸金債権を代金80万円で売ったとの事実

③ 平成17年９月30日は到来したとの事実

〔設問２〕

弁護士Ｐは、訴状に本件の請求を理由づける事実を適切に記載した上で、本件訴えを平成23年２月15日に提起した（以下、この事件を「本件」という。)。数日後、裁判所から訴状の副本等の送達を受けたＹが、弁護士Ｑに相談したところ、弁護士Ｑは、Ｙの訴訟代理人として本件を受任することとなった。別紙【Ｙの相談内容】は、弁護士ＱがＹから受けた相談の内容の一部を記載したものである。これを前提に、以下の問いに答えなさい。

弁護士Ｑは、別紙【Ｙの相談内容】を前提に、答弁書において抗弁として消滅時効の主張をしようと考えている。弁護士Ｑとして、答弁書において必要十分な最小限の抗弁事実を主張するに当たり、消滅時効の理解に関する下記の甲説に基づく場合と乙説に基づく場合とで、主張すべき事実に違いがあるか。結論とともに理由を説明しなさい。なお、本件の貸金返還請求権について商法第522条が適用されることは解答の前提としてよい。

甲説・・時効による債権消滅の効果は、時効期間の経過とともに確定的に生じるものではなく、時効が援用されたときに初めて確定的に生じる。

乙説・・時効による債権消滅の効果は、時効期間の経過とともに確定的に生じる。時効の援用は、「裁判所は、当事者の主張しない事実を裁判の資料として採用してはならない」という民事訴訟の一般原則に従い、時効の完成に係る事実を訴訟において主張する行為にすぎない。

〔設問３〕

弁護士Ｑは、別紙【Ｙの相談内容】を前提に、答弁書に消滅時効の抗弁事実を適切に記載して裁判所に提出した。

本件については、平成23年３月14日に第１回口頭弁論期日が開かれた。同期日には、弁護士Ｐと弁護士Ｑが出頭し、弁護士Ｐは訴状のとおり陳述し、弁護士Ｑは答弁書のとおり陳述した。その上で、両弁護士は次のとおり陳述した。これを前提に、以下の問いに答えなさい。

弁護士Ｐ：Ｙ側は消滅時効を主張しています。しかし、私がＸから聴取しているところでは、Ａは、平成22年４月１日にＸに本件の貸金債権を譲渡し、同日にＹにその事実を電話で通知した、そこで、Ｘは、５年の時効期間が経過する前の同年５月14日にＹの店に行き、Ｙに対して本件の借金を返済するよう求めたが、そのときにＹが確たる返事をしなかったことから、しばらく様子を見ていた、その後、Ｘが、同年12月15日に再びＹの店に行ったところ、Ｙの方から返済を半年間待ってほしいと懇請された、とのことでした。このような経過を経て、私がＸから依頼を受けて、平成23年２月15日に本件訴えを提起したものです。ですから、Ｙ側の消滅時効の主張は通らないと思います。

弁護士Ｑ：私も、Ｙから、Ａ及びＸとの間のやりとりについて詳しく確認してきましたが、Ｙは、平成22年中に、ＡともＸとも話をしたことはないとのことです。

訴状に記載された本件の請求を理由づける事実及び答弁書に記載された消滅時効の抗弁事実がいずれも認められるとした場合、裁判所は、本件の訴訟の結論を得るために、弁護士Ｐによる上記陳述のうちの次の各事実を立証対象として、証拠調べをする必要があるか。結論とともにその理由を説明しなさい。なお、各事実を間接事実として立証対象とすることは考慮しなくてよい。

① Ｘは、５年の時効期間が経過する前の平成22年５月14日に、Ｙに対して、本件の借金を返済するよう求めたとの事実

② 平成22年12月15日に、ＹがＸに対して、本件の借金の返済を半年間待ってほしいと懇請したとの事実

〔設問４〕

本件の第１回口頭弁論期日において、弁護士Ｐは、「平成22年４月１日、Ａは、Ｘに対して、①の貸金債権を80万円で売った。」との事実（設問１における②の事実）を立証するための証拠として、Ａ名義の署名押印のある別紙【資料】の領収証を、作成者はＡであるとして提出した。これに対して弁護士Ｑは、この領収証につき、誰が作成したものか分からないし、Ａ名義の署名押印もＡがしたものかどうか分からないと陳述した。これを前提に、以下の問いに答えなさい。

上記弁護士Ｑの陳述の後、裁判官Ｊは、更に弁護士Ｑに対し、別紙【資料】の領収証にあるＡ名義の印影がＡの印章によって顕出されたものであるか否かを尋ねた。裁判官Ｊがこのような質問をした理由を説明しなさい。

〔設問５〕

本件の審理の過程において、弁護士Ｐ及びＱは、裁判官Ｊからの和解の打診を受けて、１か月後の次回期日に和解案を提示することになった。和解条件

についてあらかじめ被告側の感触を探りたいと考えた弁護士Ｐは、弁護士Ｑに電話をかけたが、弁護士Ｑは海外出張のため２週間不在とのことであった。この場合において、早期の紛争解決を望む弁護士Ｐが、被告であるＹに電話をかけて和解の交渉をすることに弁護士倫理上の問題はあるか。結論と理由を示しなさい。なお、弁護士職務基本規程を資料として掲載してあるので、適宜参照しなさい。

（別紙）

【Ｘの相談内容】

私は甲商店街で文房具店を営んでおり、隣町の乙商店街で同じく文房具店を営んでいるＡとは旧知の仲です。平成16年10月１日、Ａと同じ乙商店街で布団店を営んでいるＹは、資金繰りが苦しくなったことから、いとこのＡから、平成17年９月30日に返済する約束で、100万円の交付を受けて借り入れました。ところが、Ｙは、返済期限が経過しても営業状況が改善せず、返済もしませんでした。Ａもお人好しで、特に催促をすることもなく、Ｙの営業が持ち直すのを待っていたのですが、平成21年頃、今度はＡの方が、資金繰りに窮することになってしまいました。そこで、Ａは、Ｙに対して、上記貸金の返済を求めましたが、Ｙは返済をしようとしなかったそうです。そのため、私は、Ａから窮状の相談を受けて、平成22年４月１日、Ｙに対する上記貸金債権を代金80万円で買い取ることとし、同日、Ａに代金として80万円を支払い、その場でＡはＹに対して電話で債権譲渡の通知をしました。

このような次第ですので、Ｙにはきちんと100万円を支払ってもらいたいと思います。

【Ｙの相談内容】

私は、乙商店街で布団店を営んでいますが、営業が苦しくなったことから、平成16年10月１日に、いとこのＡから、返済期限を平成17年９月30日として100万円を借りました。私は、この金を使って店の立て直しを図りましたが、うまくいかず、返済期限を過ぎても返済しないままになってしまいました。Ａからは、平成21年頃に一度だけ、この借金を返済してほしいと言われたことがありますが、返す金もなかったことから、ついあの金はもらったものだなどと言ってしまいました。その後は、気まずかったので、Ａとは会っていませんし、電話で話したこともありません。

そうしたところ、平成23年２月15日に、ＸがＰ弁護士を訴訟代理人として本件訴えを起こしてきました。そこで、私は、同月21日に、訴訟関係書類に記載されていたXの連絡先に電話をかけて、Xに対し、XがAから本件の貸金債権を譲り受けたという話は聞いていないし、そもそも今回の借金は、Aから借りた時から既に6年以上が経過しており、返済期限からでも5年以上が経過していて、時効にかかっているから支払うつもりはないと伝えました。

このような次第ですので、私にはXに100万円を支払う義務はないと思います。

【資料】

領　収　証

X　様

本日、Yに対する百萬円の貸金債権の譲渡代金として、金八十萬円を領収致しました。

平成22年4月1日　　A　A印

[関係図]

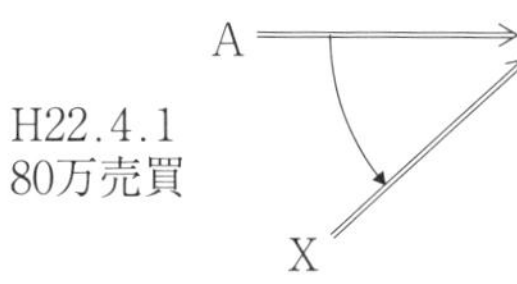

解　説

I　訴訟物

まず、訴訟物を把握することから始まる。本問では、問題文に「AY間の消費貸借契約に基づく貸金返還請求権」と明示されている。「AY 間」とあるのは、通常、X（原告）と Y（被告）間であり、それを省略することが多いが、本問では、債権譲渡が絡んでおり、債権が X と Y 間で発生したものではないので、「AY 間」と記載されている（［基礎編］284頁）。

Ⅱ　請求原因～〔設問１〕

〔設問１〕は、請求原因事実を問うている。

本問では、債権譲渡と貸金返還請求とが絡んでいる。債権譲渡の大きな構造としては、要件事実としては、

㋐　譲受債権の発生原因事実
㋑　㋐の債権の取得原因事実

である（［基礎編］285頁）。

㋐の事実として、AY 間の消費貸借契約を主張している。民法587条（消費貸借契約の冒頭規定）に規定されている実体法上の要件は、

㈠ア　金銭の返還約束
㈠イ　金銭の交付

である。返還請求をする場合には、加えて、

㈦ウ　返還時期の合意
㈦エ　返還時期の到来

が必要になる（［基礎編］146頁）。

これを本問でみると、

①の事実で、㋐の(ア)、(イ)、(ウ)が摘示されている（「返済することを約して」で返還約束の合意を、「100万円の交付を受けた」で「金銭の交付」を示している）。

②の事実は、㋐の債権を譲渡した事実であり、債権の売買が主張されている。それが㋑の事実である。

③の事実で、㋐の(エ)が示されている。

以上からすると、①～③の事実が必要であり、これで足りている。

なお、債務者対抗要件（民467条１項）を具備したこと（ＡがＹに対し電話で債権譲渡の通知をしたこと）は請求原因にはならない。債務者対抗要件は、債務者（Ｙ）が抗弁で「Ａが譲渡の通知をしまたはＹが承諾しない限り、Ｘを債権者と認めない」との権利主張をした場合に、その具備が再抗弁になるものだからである（［基礎編］294頁）。

Ⅲ　抗弁～〔設問２〕

〔設問２〕は、抗弁として主張している時効について問う問題である。具体的には、時効援用の法的性質についての各説を要件事実で整理すると、どうなるかという問題である（［基礎編］71頁）。

時効学説には、確定効果説と不確定効果説（停止条件説と解除条件説）がある。甲説は不確定効果説である（停止条件説と解除条件説の違いは問われていない）。乙説は確定効果説である。

不確定効果説（甲説）は、時効を援用するという意思表示をすることにより、時効の効果が発生するという見解であり、意思表示を要する。これに対し、確定効果説（乙説）は、時効の効果は時効期間の経過とともに確定的に生じており、民法145条が求める時効の援用は、弁論主義の見地から、当事者が主張することを要するということを述べているにすぎず、同条は注意的な（特に意味のない）規定と解する（弁論主義をとっている以上、主要事実について、当事者が主張していないのに、裁判所が取り上げることはできないという意味で当然のことであり、特に意味のある規定ではない）。

Ⅳ　再抗弁～〔設問３〕

〔設問３〕は、再抗弁において、時効の完成猶予または更新を問うている（問題文が作成された当時は、時効の中断であり、民事時効が10年、商事時効が５年となっていたので、Ｙが布団店を営んでいることなど商事時効が適用されることを示しているが、現在は、商事時効は廃止され、民法166条により、権利を行使することができることを知った時から５年、権利を行使することができる時から10年となっている）。

時効の起算日は弁済期限である平成17年９月30日の翌日であり、それから

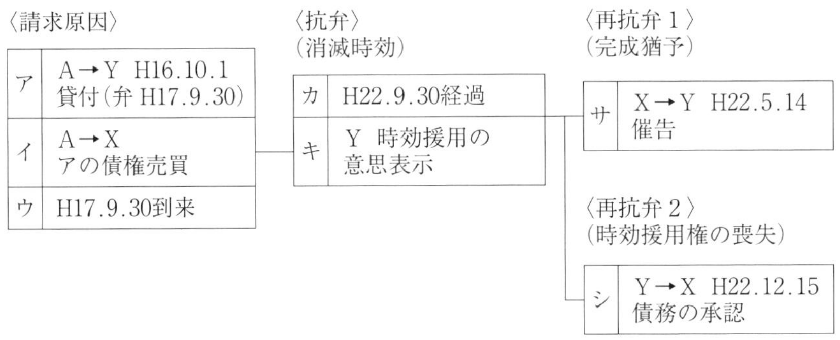

5年目の末日である平成22年9月30日の経過により、時効で消滅する（[基礎編] 70頁)。

①は時効期間が経過する前の平成22年5月14日に支払うよう求めるという催告をしている。催告は民法150条1項によりその時から6カ月が経過するまでは時効は完成しない。つまり、同年11月14日を経過するまでは消滅時効は完成しない。ところが、訴えを起こしたのは、平成23年2月15日であり、その期間を経過している。完成猶予は、あくまでも猶予であり、6カ月以内に時効更新に該当する事実をしなければならない（たとえば、弁護士が消滅時効期間が迫った案件を受任した場合には、とりあえず催告をして6カ月以内に訴えを提起するかを決めることとしている)。したがって、①については立証対象とする意味がない。

これに対し、②は、平成22年12月15日はすでに時効が完成しているが、時効完成後に、Yは「借金の返済を半年間待ってほしいと懇請した」のであるから、債務があることを承認しており、債務承認に当たる。時効完成後に債務者が債務の存在を前提とする行為をした場合、時効の完成を知っていたと推認することはできないが、信義則上、もはやその時効を援用することはできない（最大判昭41・4・20民集20巻4号702頁)。なぜなら、時効の完成後、債務者が債務の存在を前提とする行為をすることは、時効による債務の消滅と相容れない行為であり、相手方において債務者はもはや時効の援用をしない趣旨であると考えるであろうから、その後に債務者に時効の援用を認めないと解するのが、信義則に照らして、相当だからである。したがって、②については、立証の対象となる。

Ⅴ　事実認定～〔設問４〕

〔設問４〕は、いわゆる２段の推定の問題である。

Ｙは、「Ａ名義の署名押印もＡがしたものかどうか分からない」と陳述しており、文書の成立の真正を否認していると考えられる。２段の推定は、文字どおり、２段階あり、①Ａ名義の押印がある場合、Ａが押印したものと推定する（１段目）、②Ａ作成の署名またはＡがした押印がある場合、文書は真正に成立したものと推定する（民訴228条４項。２段目）ものである。本問では、「Ａ名義の署名押印もＡがしたものかどうか分からない」と述べ、２段目の成立を否認していると考えられる。

１段目の押印につき、本問では、Ａの印章であることを認めたかが不明である。仮に、Ａの印章であることを認めるならば、Ａが押印したものと事実上推定され、その結果、民事訴訟法228条４項により、文書が真正に成立したものと推定されることになる。その場合は、Ｙにおいて、Ａから事情を聴取し、印鑑の紛失、盗難があったことや印鑑を他の目的で預けたものが悪用されたことなどを立証することが考えられる。

他方、ＹがＡの印章であることを否認する場合には、Ｘにおいて、真正に成立したことを立証する必要があり、領収書に押印されている印影がＡの印章によることを他の書類に押されたＡの印章と同一であることなどで立証することが考えられる。

本問では、裁判官Ｊは、Ａの印章によって顕出されたかを問うているが、上記の１段目の推定が働くかを尋ねているものである。

Ⅵ　法曹倫理～〔設問５〕（［基礎編］398頁）

Ｙには代理人として弁護士Ｑが選任されているので、弁護士Ｐが、直接Ｙと和解交渉するためには「正当な理由」（弁護士職務基本規程52条）が必要である。弁護士職務基本規程52条は、相手方が法令上の資格を有する代理人を選任し、その代理人に交渉を依頼した場合には、弁護士は、その趣旨を踏まえて、「正当な理由」がない限り、相手方の代理人と交渉すべきであり、相手方の本人と直接交渉してはならないことを規定し、法令上の資格を有する者を代理人とする制度を実効あらしめようとするものである。

「正当な理由」とは、直接交渉する緊急性・必要性があり、相手方本人にことさら不利益を与えるおそれも少ないと認められる場合をいうと考えられる。弁護士Ｑは、海外出張のために２週間不在である。しかし、不在期間は２週間であり、帰国を待っていても１カ月後の次回期日には間に合う。弁護士ＰがＹに電話をする理由は和解条件についてあらかじめＹ側の感触を探りたいという程度のものであり、特に緊急性のある用件でもない。そうすると、「正当な理由」は認められず、Ｙに電話をかけて和解の交渉をすることは弁護士倫理上許されない。

法務省公表の出題趣旨

設問１は、貸金債権を譲り受けて請求する場合の請求を理由付ける事実の説明を求めるものである。訴訟物である権利の発生、取得及び行使を基礎付ける事実について、条文を基礎とする実体法上の要件の観点から説明することが求められる。

設問２は、時効の援用に関する考え方の相違が消滅時効の抗弁事実に及ぼす影響を問うものであり、実体法上の効果発生のための要件という観点から検討することが求められる。

設問３は、要件事実が民事訴訟の動態において果たす機能の理解を問うものである。時効完成前の催告（小問１）と時効完成後の債務承認（小問２）について、実体法上の効果、攻撃防御方法としての意味、相手方の認否といった観点から検討することが求められる。

設問４は、私文書の成立の真正に関するいわゆる二段の推定の理解を問うものである。

設問５は、弁護士倫理の問題であり、弁護士職務基本規程第52条に留意して検討することが求められる。

【参考答案】

〔設問１〕

Ａ の Ｙ に対する貸金返還請求権を、Ａ が Ｘ に譲渡している。債権譲渡の要件事実は、㋐譲受債権の発生原因事実、㋑㋐の債権の取得原因事実である。

㋐の事実として、Xは、AY間の消費貸借契約（民587条）を主張している。消費貸借契約に基づく貸金返還請求する場合、要件事実として、Ⓘ金銭の返還約束、Ⓘ金銭の交付、Ⓘ返還時期の合意、Ⓘ返還時期の到来が必要である。㋑の事実としては、㋐の債権を譲渡した事実を主張する必要がある。

これを本問でみると、㋐のⒾ、Ⓘ、Ⓘは、①の事実で示されている（「平成17年9月30日に返還することを約して」で返還約束（Ⓘ）と返還時期の合意（Ⓘ）を、「100万円の交付を受けた」で金銭の交付（Ⓘ）が示されている）。Ⓘの返還時期の到来は、③の事実で示されている。

債権の取得原因事実として、債権の売買が主張されており、②の事実で示されている。

以上からすると、①～③の事実が必要であり、かつ、これで足りている。

〔設問2〕

時効を援用する意思表示を要するか否かで違いがある。

消滅時効については、不確定効果説と確定効果説がある。不確定効果説である甲説は、時効を援用するという意思表示をすることにより、時効の効果が発生するという見解であり、時効期間を経過したことのほか、時効援用の意思表示を要する。これに対し、確定効果説である乙説は、時効の効果は時効期間の経過とともに確定的に生じており、時効を援用するとは、裁判において、弁論主義の見地から当事者が主張を要するということを述べているにすぎず、民法145条は注意的な（特に意味のない）規定と解する。このため、乙説からは、時効期間が経過したことを述べれば足り、時効を援用する意思表示をしたことは不要となる。

〔設問3〕

貸金返還請求権の消滅時効の起算日は、弁済期である平成17年9月30日の翌日であり、それから5年経った末日である平成22年9月30日の経過により、時効で消滅する。

①は時効期間が経過する前の平成22年5月14日に支払を求めるという催告をしている。催告は民法150条1項により催告の時から6カ月が経過するまでは時効は完成しない。つまり、平成22年11月14日を経過するまでは、完成しない。ところが、訴えを起こしたのは、平成23年2月15日であり、その期間を経過している。したがって、①は成り立たない主張（主張自体失当）であり、証拠調べをする必要はない。

これに対し、②は、平成22年12月15日時点では、既に時効が完成しているが、時効完成後に、Ｙは「借金の返済を半年待ってほしいと懇請した」のであるから、債務があることを承認している。時効完成後の債務の承認は、時効完成の事実を知らなかったとしても、信義則に照らして、その時効を援用することは許されないと解される。したがって、②については、証拠調べをする必要がある。

〔設問４〕

Ａ名義の署名またはＡがした押印がある場合、文書は真正に成立したものと推定される（民訴228条４項）。本問では、Ａ名義の署名押印について、Ｙは、「Ａ名義の署名押印もＡがしたものか分からない」と陳述しており、書証の成立の真正を否認していると考えられるので、Ａ名義の押印がＡの印章によるものかが問題となる。

仮に、ＹがＡの印章によることを認めるのであれば、Ａが自ら押印したと事実上推定され、その結果、民事訴訟法228条４項により、文書が真正に成立したものと推定されることになる。本人の押印がある場合には、当該文書は本人の意思によって作成されたものと通常考えられるという経験則に基づく。

他方、ＹがＡの印章であることを否認する場合には、Ｘにおいて、領収書の作成につき、真正に成立したことを立証する必要がある。

本問では、裁判官Ｊは、Ａ名義の印影がＡの印章によって顕出されたかを問うているが、上記のとおり、事実上の推定が働くといえるかを判断するためである。

〔設問５〕

Ｙには代理人として弁護士Ｑが選任されているので、弁護士Ｐが直接Ｙと和解交渉するためには「正当な理由」（弁護士職務基本規程52条）が必要である。法令上の資格を有する者を代理人とする制度を実効あらしめようとする趣旨である。

「正当な理由」とは、直接交渉する緊急性・必要性があり、相手方本人にことさら不利益を与えるおそれも少ないと認められる場合をいうと考えられる。弁護士Ｑは、海外出張のために２週間不在である。しかし、不在期間は２週間であり、帰国を待っていても１カ月後の次回期日には間に合う。また、弁護士ＰがＹに電話をする理由は、和解条件についてあらかじめＹ側の感触を探りたいという程度のものであり、特に緊急性のある用件でもない。そうすると、「正当な理由」は認められず、Ｙに電話をかけて和解の交渉をすることは弁護士倫理上許されない。

平成24年試験問題

司法試験予備試験用法文及び本問末尾添付の資料を適宜参照して、以下の各設問に答えなさい。なお、以下の〔設問１〕から〔設問３〕では、甲建物の賃貸借契約に関する平成23年５月分以降の賃料及び賃料相当損害金については考慮する必要はない。

〔設問１〕

別紙【Ｘの相談内容】を前提に、弁護士Ｐは、平成23年11月１日、Ｘの訴訟代理人として、Ｙに対し、賃貸借契約の終了に基づく目的物返還請求権としての建物明渡請求権を訴訟物として、甲建物の明渡しを求める訴え（以下「本件訴え」という。）を提起した。そして、弁護士Ｐは、その訴状において、請求を理由づける事実（民事訴訟規則第53条第１項）として、次の各事実を主張した（なお、これらの事実は、請求を理由づける事実として適切なものであると考えてよい。）。

① Ｘは、Ｙに対し、平成20年６月25日、甲建物を次の約定で賃貸し、同年７月１日、これに基づいて甲建物を引き渡したとの事実

　賃貸期間　　　平成20年７月１日から５年間
　賃料月額　　　20万円
　賃料支払方法　毎月末日に翌月分を支払う

② 平成22年10月から平成23年３月の各末日は経過したとの事実

③ Ｘは、Ｙに対し、平成23年４月14日、平成22年11月分から平成23年４月分の賃料の支払を催告し、同月28日は経過したとの事実

④ Ｘは、Ｙに対し、平成23年７月１日、①の契約を解除するとの意思表示をしたとの事実

上記各事実が記載された訴状の副本の送達を受けたＹは、弁護士Ｑに相談をし、同弁護士はＹの訴訟代理人として本件を受任することになった。別紙【Ｙの相談内容】は、弁護士ＱがＹから受けた相談の内容を記載したものである。これを前提に、以下の各問いに答えなさい。なお、別紙【Ｘの言い分】を考慮する必要はない。

⑴　別紙【Ｙの相談内容】の第３段落目の主張を前提とした場合、弁護士Ｑは、適切な抗弁事実として、次の各事実を主張することになると考えられる。

⑤　Ｙは、平成22年10月頃、甲建物の屋根の雨漏りを修理したとの事実

⑥　Ｙは、同月20日、⑤の費用として150万円を支出したとの事実

⑦　Ｙは、Ｘに対し、平成23年６月２日頃、⑤及び⑥に基づく債権と本件未払賃料債権とを相殺するとの意思表示をしたとの事実

上記⑤から⑦までの各事実について、抗弁事実としてそれらの事実を主張する必要があり、かつ、これで足りると考えられる理由を、実体法の定める要件や当該要件についての主張・立証責任の所在に留意しつつ説明しなさい。

⑵　別紙【Ｙの相談内容】を前提とした場合、弁護士Ｑは、上記⑴の抗弁以外に、どのような抗弁を主張することになると考えられるか。当該抗弁の内容を端的に記載しなさい（なお、当該抗弁を構成する具体的事実を記載する必要はない。）。

〔設問２〕

本件訴えにおいて、弁護士Ｑは、別紙【Ｙの相談内容】を前提として、〔設問１〕のとおりの各抗弁を適切に主張するとともに、甲建物の屋根修理工事に要した費用についての証拠として、次のような本件領収証（斜体部分はすべて手書きである。）を、丙川三郎作成にかかるものとして裁判所に提出した。これを受けて弁護士ＰがＸと打合せを行ったところ、Ｘは、別紙【Ｘの言い分】に記載したとおりの言い分を述べた。そこで、弁護士Ｐは、本件領収証の成立の真正について「否認する」との陳述をした。

この場合、裁判所は、本件領収証の成立の真正についての判断を行う前提として、弁護士Ｐに対して、更にどのような事項を確認すべきか。結論とその理由を説明しなさい。

平成22年10月20日

領　収　証

金　150万　円

但し　屋根修理代金として

〇〇建装　丙川三郎

〔設問3〕

本件訴えでは、〔設問1〕のとおりの請求を理由づける事実と各抗弁に係る抗弁事実が適切に主張されたのに加えて、Xから、別紙【Xの言い分】に記載された事実が主張された。これに対して、Yは、Xが30万円を修理費用として支払ったとの事実（⑧）を否認した。そこで、⑥から⑧の各事実の有無に関する証拠調べが行われたところ、裁判所は、⑥の事実については、Yが甲建物の屋根の修理費用として実際に150万円を支払い、その金額は相当なものである、⑦の事実については、相殺の意思表示はXによる本件契約の解除の意思表示の後に行われた、⑧の事実については、XはYに屋根の修理費用の一部として30万円を支払ったとの心証を形成するに至った。

以上の主張及び裁判所の判断を前提とした場合、裁判所は、判決主文において、どのような内容の判断をすることになるか。結論とその理由を簡潔に記載しなさい。

以下の設問では、〔設問1〕から〔設問3〕までの事例とは関係がないものとして解答しなさい。

〔設問4〕

弁護士Aは、弁護士Bを含む4名の弁護士とともに共同法律事務所で執務をしているが、弁護士Bから、その顧問先であり経営状況が厳しいR株式会社について、複数の倒産手続に関する意見を求められ、その際に資金繰りの状況からR株式会社の倒産は避けられない情勢であることを知った。

これを前提に、以下の各問いに答えなさい。

(1)　弁護士Aは、義父Sから、その経営するT株式会社がR株式会社と共同で事業を行うに当たり、R株式会社が事業資金を借り入れることについてT株式会社が保証することに関する契約書の検討を依頼された。この場合において、弁護士Ａが、義父Ｓに R 株式会社の経営状況を説明して保証契約を回避するよう助言することに弁護士倫理上の問題はあるか。結論とその理由を簡潔に記載しなさい。

(2) Ａは、義父Ｓの跡を継ぎ、会社経営に専念するため弁護士登録を取り消して T 株式会社の代表取締役に就任したが、その後、R 株式会社から共同事業を行うことを求められるとともに、R 株式会社が事業資金を借り入れることについて T 株式会社が保証することを求められた。この場合において、Ａが、R 株式会社の経営状況と倒産が避けられない情勢であることを T 株式会社の取締役会において発言することに弁護士倫理上の問題はあるか。結論とその理由を簡潔に記載しなさい。

（別紙）

【Ｘの相談内容】

私は、平成20年６月25日、Ｙに対し、私所有の甲建物を、賃料月額20万円、毎月末日に翌月分払い、期間は同年７月１日から５年間の約束で賃貸し（以下「本件契約」といいます。）、同日、甲建物を引き渡しました。

Ｙは、平成22年10月分の賃料までは、月によっては遅れることもあったものの、一応、順調に支払っていたのですが、同年11月分以降は、お金がないなどと言って、賃料を支払わなくなりました。

私は、Ｙの亡父が私の古くからの友人であったこともあって、あまり厳しく請求することは控えていたのですが、平成23年３月末日になっても支払がなかったことから、しびれを切らし、同年４月14日、Ｙに対し、平成22年11月分から平成23年４月分までの未払賃料合計120万円（以下「本件未払賃料」といいます。）を２週間以内に支払うよう求めましたが、Ｙは一向に支払おうとしません。

そこで、私は、本件未払賃料の支払等に関してＹと話し合うことを諦め、Ｙに対し、平成23年７月１日、賃料不払を理由に、本件契約を解除して、甲建物の明渡しを求めました。このように、本件契約は終わっているのですから、Ｙには、一日も早く甲建物を明け渡してほしいと思います。なお、Ｙは、甲建物を修理したので、その修理費用と本件未払賃料とを対当額で相殺したとか、甲建物の修理費用を支払うまでは甲建物を明け渡さない等と言って、明渡しを拒否しています。Ｙが甲建物の屋根を修理していたこと自体は認めますが、甲建物はそれほど古いものではありませんので、Ｙが言うほどの高額の費用が掛かったとは到底思えません。また、Ｙは、私に対して相殺の意思表示をしたなどと言っていますが、Yから相殺の話が出たのは、同年7月1日に私が解除の意思表示をした後のことです。

【Yの相談内容】

X所有の甲建物に関する本件契約の内容や、賃料の未払状況及び賃料支払の催告や解除の意思表示があったことは、Xの言うとおりです。

しかし、私は甲建物を明け渡すつもりはありませんし、そのような義務もないと思います。

甲建物は、昭和50年代の後半に建てられたもののようですが、屋根が傷んできていたようで、平成22年8月に大雨が降った際に、かなりひどい雨漏りがありました。それ以降も、雨が降るたびに雨漏りがひどいので、Xに対して修理の依頼をしたのですが、Xは、そちらで何とかしてほしいと言うばかりで、修理をしてくれませんでした。そこで、私は、同年10月頃、仕方なく、自分で150万円の費用を負担して、業者の丙川三郎さんに修理をしてもらったのです。この費用は、同月20日に私が丙川さんに支払い、その場で丙川さんに領収証（以下「本件領収証」といいます。）を書いてもらいました。しかし、これは、本来、私が支払わなければならないものではないので、その分を回収するために、私は平成22年11月分以降の賃料の支払をしなかっただけなのです。ところが、Xは、図図しくも、平成23年4月になって未払分の賃料の支払を求めてきたものですから、しばらく無視していたものの、余りにもうるさいので、最終的には、知人のアドバイスを受けて、同年6月2日頃、Xに対し、甲建物の修理費用と本件未払賃料とを相殺すると言ってやりました。

また、万が一相殺が認められなかったとしても、私は、Xが甲建物の修理費用を払ってくれるまでは、甲建物を明け渡すつもりはありません。

【Xの言い分】

甲建物はそれほど老朽化しているというわけでもないのですから、雨漏りの修理に150万円も掛かったとは考えられません。Yは修理をしたと言いながら、本件訴えの提起までの間に、私に対し、修理に関する資料を見せたこともありませんでした。そこで、実際に、知り合いの業者に尋ねてみたところ、雨漏りの修理程度であれば、せいぜい、30万円くらいのものだと言っていました。そこで、私は、Yとの紛争を早く解決させたいとの思いから、平成23年8月10日、Yに対して、修理費用として30万円を支払っています。

本件訴訟に至って初めて本件領収証の存在を知りましたが、丙川さんは評判の良い業者さんで、30万円程度の工事をして150万円もの請求をするような人ではありません。したがって、本件領収証は、Ｙが勝手に作成したものだと思います。
　いずれにせよ、Ｙの主張には理由がないと思います。

［関係図］

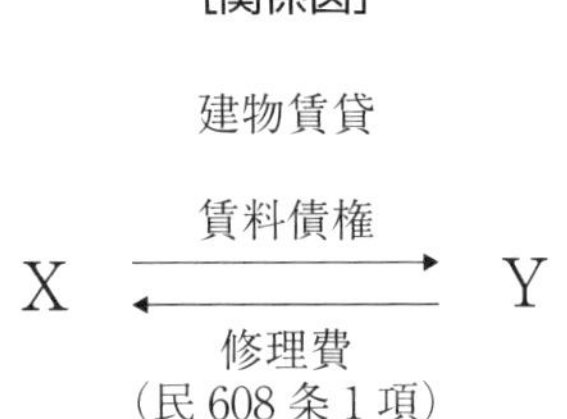

解　説

Ⅰ　訴訟物

　本問では、訴訟物は、「賃貸借契約の終了に基づく目的物返還請求権としての建物明渡請求権」と明記されている。

Ⅱ　請求原因

　本問では、賃貸借の冒頭規定は、民法601条である。賃貸借契約の終了による目的物の明渡請求をしているので、請求原因としては、終了原因も主張しなければならないが、引き渡したことが明渡しを求める前提となるので、引渡しの主張も必要である（［基礎編］246頁）。本問では、賃料前払特約があるので、「賃料支払債務を発生させる一定期間の経過」と「民法614条所定の支払時期の経過」の要件に代えて、「賃料前払特約の合意」と「特約による支払時期の経過」を主張・立証することになる（［基礎編］261頁）。
　そうすると、要件事実は、

㋐　賃貸借契約の締結
㋑　㋐の契約に基づく引渡し
㋒　賃料前払特約を合意したこと

> ㊡　㋒の特約による支払時期の経過
> ㋔　㊡の一定期間分の賃料の支払の催告
> ㋕　催告後相当期間の経過
> ㋖　相当期間経過後の解除の意思表示

である（［基礎編］256頁～261頁参照）。

そして、その要件事実に該当する具体的事実が主要事実であるから、問題文から、要件事実に該当する事実を拾い上げることになる。

もっとも、本問では、すでにその点は問題文に示されている。

①の事実は、賃貸借契約の締結とそれに基づく引渡し、賃料前払いの特約を主張している（㋐～㋒）。

「賃貸期間平成20年７月１日から５年間」と記載しているのは、いわゆる貸借型理論を採用したものであり、貸借型契約について、期間の定めは本質的な要素ではないとする見解からは、期間満了による明渡請求をしているわけではないので（賃料不払いによる解除なので、賃貸期間がいつまでであったかは影響しない）、この記載は不要であるが（［基礎編］148頁参照）、この点を問題にしているわけではないので、気にする必要はない。

②は㊡、③は㋔と㋕、④は㋖の各主要事実である。

【Ｙの相談内容】からするすると、請求原因事実はすべて認めている。

Ⅲ　抗弁１～〔設問１〕⑴

〔設問１〕⑴で問われているのは抗弁である。

時系列が問題になるので、時系列表をまとめるとよい。その際、確定している事実（争いのない主要事実）と未確定（主張にとどまっている主要事実）とを区別することが本来必要であるが、〔設問１〕の段階では、【Ｙの相談内容】を前提として、主張を組み立てることになっているので、この時点では区別の必要性はない。

〈時系列表〉

平成20年７月１日	Ｘ→Ｙ	賃貸借
平成22年10月頃	Ｙ	建物修理

10月20日	Y	修理費用として150万円を支出
平成23年４月14日	X→Y	賃料支払催告
６月２日頃	Y→X	相殺の意思表示
７月１日	X→Y	賃貸借契約解除の意思表示

本問は、Ｙの主張の「⑤から⑦までの各事実について、抗弁事実としてそれらの事実を主張する必要があり、かつ、これで足りると考えられる理由を、実体法の定める要件や当該要件についての主張・立証責任の所在に留意しつつ説明しなさい」という問題であり、「実体法の定める要件」、「当該要件についての主張・立証責任の所在」という解答への導線が引かれている。もともと、要件事実の検討は、実体法上の要件に基づいて、当事者のいずれがその要件を主張・立証すべきかを検討しているものであり、上記のような導線が引かれていなくとも、まず実体法上の要件を検討し、それを主張・立証責任に応じて、請求原因、抗弁、再抗弁……と振り分けていくことが必要となる。

相殺の実体上の成立要件（民505条１項、２項、506条１項）は、

㋐　相対立する債権の存在
㋑　両債権が同種目的であること
㋒　両債権が弁済期にあること
㋓　債務の性質が相殺を許さないものではないこと
㋔　相殺の意思表示

である（［基礎編］116頁）。

これらを検討し、相殺の抗弁の要件事実として必要なものは、

ⅰ　自働債権の発生原因事実
（ⅱ　自動債権が双務契約である場合には、同時履行の抗弁権の発生障害または消滅原因となる事実）
（ⅲ　自動債権が貸借契約である場合には、弁済期の定めとその到来）
ⅳ　相殺の意思表示

となる（［基礎編］120頁）。

本問では、⑤と⑥でⓘを、⑦でⓘⓥを示しており、かつ、それで足りることがわかる。

Ⅳ　抗弁２～〔設問１〕(2)

〔設問１〕(2)は、相殺以外の考えられる抗弁について検討するものであるが、【Yの相談内容】を分析すると、第１段落は、請求原因に対する認否、第２段落は、抗弁があることを示しているが、具体的な主張はない。第３段落は、相殺の主張である。第４段落の「また、万が一相殺が認められなかったとしても、私は、Xが甲建物の修理費用を払ってくれるまでは、甲建物を明け渡すつもりはありません」というのが、もう１つの抗弁であることは明らかである。

そして、その内容は、甲建物の修理費用の支払を受けるまでは甲建物を明け渡さないというのであるから、留置権の主張をしているということができる。留置権については、［基礎編］265頁以下を参照されたい。

ただ、本問では、抗弁の具体的事実を記載する必要はないので、抗弁としては、甲建物について費用を支出しているので、民法295条により、留置権を主張することを記載すれば足りる。

なお、本問では、同時履行の抗弁権（民533条）ではない。同時履行の抗弁権は、けん連関係にある双務契約の対価的な関係にある債務について公平の観点から認められるものであるが、必要費の支払義務と賃貸借契約終了による建物の明渡義務とはそのような関係にはない。

Ⅴ　事実認定～〔設問２〕

〔設問２〕は、書証の成立の真正の問題である。

本件領収書は、押印はないので、いわゆる２段の推定の１段目の推定の問題ではなく、民事訴訟法228条４項のみの問題である。

Xは本件領収書の成立の真正を否認している。本件領収書には、手書きで「丙川三郎」の署名がある。仮に、本件領収書を丙川三郎が作成したのであれば、民事訴訟法228条４項により、成立の真正が推定され、相手方において、その推定を覆すに足りる立証をする必要が生じる（［基礎編］338頁参照)。したがって、裁判所としては、署名を丙川三郎がしたのかについて、その認否を確認すべきである（成立の真正に対する自白は、補助事実についての自白であり、裁判所を拘束するものではないが、特に反論がない限り、そのまま成立の真正を認めてよいことについては、［基礎編］334頁参照)。その結果、Ｐの回答としては、①丙川三郎の署名であることは認めるが、白紙に署名したなど本件領収書を作成する意思はなかった、②丙川三郎の署名ではない（偽造である)、という２つが考えられる。①であれば、民事訴訟法228条４項により、本件領収書の成立の真正が推定される。②であれば、Ｙが成立の真正を立証する必要が生じる（民訴228条１項)。

Ⅵ　裁判所の判断～〔設問３〕

〔設問３〕では、【Ｘの言い分】が追加され、証拠調べも行われて、事実関係が明らかになったことが前提である。

時系列で事実関係を確認するとともに、ブロックダイアグラムで要件事実を整理する必要がある。これができると結論はおのずと明らかとなる。

〈時系列表〉

平成20年７月１日	Ｘ→Ｙ	賃貸借
平成22年10月頃	Ｙ	建物修理
10月20日	Ｙ	修理費用として150万円を支出
平成23年４月14日	Ｘ→Ｙ	賃料支払催告
７月１日	Ｘ→Ｙ	賃貸借契約解除の意思表示
７月１日より後	Ｙ→Ｘ	相殺の意思表示
８月10日	Ｘ→Ｙ	修理代金30万円の支払

相殺の抗弁と留置権の抗弁の関係をみてみよう。相殺は本来最後に判断すべきものである（［基礎編］123頁参照)。他方、相殺は全部抗弁、留置権は一部抗弁であり、全部抗弁から判断することになる（［基礎編］79頁参照)。では、どう考えるべきか。

一部抗弁の内容を検討する必要がある。たとえば、100万円の請求に対し、40万円の弁済と100万円を自働債権とする相殺を主張したとする。前者は一部抗弁、後者は全部抗弁であるが、相殺は自らの債権を失うものであるから、

〔図４〕　ブロックダイアグラム

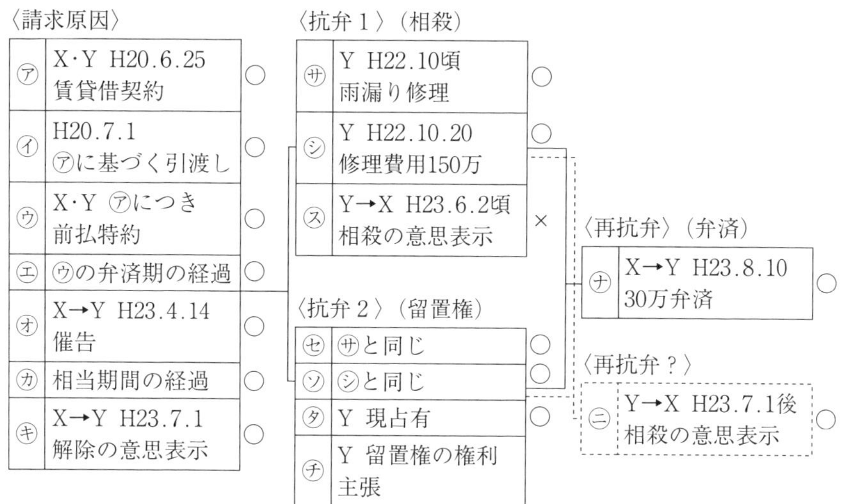

○は〔設問３〕で、争いがないか証拠上認められた事実

まず、一部抗弁でも弁済の抗弁から判断し、それが認められると、残60万円を自働債権とする相殺を検討すべきである（相殺が認められると、Xの請求は棄却され、Yの自働債権に供した債権は40万円が残ることになり、別訴で請求することができる）。

これに対し、本問で問題となっている一部抗弁は留置権である。留置権が認められても、「被担保債権の支払を受けるのと引き換えに建物を明け渡せ」という引換給付判決がされるにすぎず（［基礎編］266頁）、被担保債権の額が減少するわけではないので、相殺の抗弁は、自働債権全額について必ず判断されることになる。そうすると、まず、相殺の抗弁から判断する必要がある（留置権から判断すると、留置権が認められても、一部認容なので、その後、相殺の抗弁を検討しなければならず、他方、相殺の抗弁が認められると、全部抗弁であり、Xの請求が棄却されるので、留置権を判断する必要がなくなる）。

相殺の抗弁については、Yが甲建物の屋根の雨漏りを修理したこと、修理費として150万円を支払ったことは認められるので、YはXに対して費用償還請求権（民608条１項）を有する。問題となるのは、平成23年６月２日頃にした相殺の意思表示であるが、証拠上、Ｘによる賃貸借契約解除の意思表示に遅れている。そうすると、Ｘのした契約解除の意思表示は、いまだ賃料の支払がされておらず、債務不履行の状態にあった時にされたのであるから、有効である。その後に、賃料債権を受働債権として相殺したとしても、その効力は相殺適状時にさかのぼるが、解除の効力に影響はない（最判昭32・3・8民集11巻３号513頁）。そうすると、相殺の抗弁は理由がない。

次に、留置権の抗弁について検討する。150万円の費用償還請求権を被担保債権とする留置権の主張である。前述のとおり、ＹはＸに対し150万円の費用償還請求権（民608条１項）を有している。Ｙは、再抗弁として、30万円の弁済を主張（一部抗弁）し、その事実は認められるので、残額は120万円となる。そうすると、結局、120万円の支払を受けるのと引き換えに甲建物を引き渡せとの引換給付判決が結論となる。

もっとも、留置権の抗弁については、別の見解も成り立ち得るようにも思える。

すなわち、Ｙは、平成23年６月２日頃に相殺の意思表示をしたと主張しているところ、本問では、同年７月１日より後にされたものであったが、いずれにせよ、相殺の意思表示がされており、実体法上、相殺の効果は生じている。そうすると、120万円の費用償還請求権は消滅していることになり、留置権は消滅し、無条件の明渡請求が認められるように思える。

この点については、弁論主義から、相殺の主張がされているかが問題となる。【Ｘの相談内容】の最後の「Ｙから相殺の話が出たのは、同年７月１日に私が解除の意思表示をした後のことです」という主張をもって、相殺の再抗弁をしているといえなくもないが、〔設問３〕の問題文では、請求原因、抗弁以外では、【Ｘの言い分】のみが主張されたことになっているので、Ｘが相殺の再抗弁を主張しているとみるのは無理であろう。あるいは、Ｙが主張している平成23年６月２日頃の相殺（抗弁）を主張共通の原則から、再抗弁として取り上げる（自己に不利益な事実の陳述）というのもあり得ないではない。しかし、この考え方は、同年６月２日頃にしたとするＹの相殺の意思表示を、同年７月１日以降にされた相殺の意思表示と同一性を有するとみることができるかという点（［基礎編］49頁参照）、主張共通の原則からＹ

の主張をＹに不利益（Ｘに利益）な主張として取り上げることはできるが、相当とはいえないという点が気になる（主張として取り上げるのであれば、Ｘに対し釈明して、Ｘからの再抗弁の主張として取り上げるのが、実務的には相当である）。

このように考えていくと、本問では、そこまで深く検討することではなく、最初に述べたとおり、引換給付判決の結論ということで、よいであろう（相殺権は、既判力により遮断されることはないので、この結論でも問題はない）。

Ⅶ　弁護士倫理～〔設問４〕（［基礎編］419頁）

1　〔設問４〕(1)

Ｒ株式会社が資金繰りの状況から倒産は避けられない情勢にあるという事実は、その事実を知られると取引上不利になるものであり、一般に知られたくない事実であるから、弁護士法23条、弁護士職務基本規程56条の「秘密」に当たる。Ａは、Ｂから意見を求められたにすぎないが、職務上知り得たものであるから、これらの規定により、秘密保持義務を負う。そうすると、法律に特段の定めがある場合（弁護士23条）、あるいは、正当な理由がある場合（弁護士職務基本規程56条）を除いては、秘密を漏らしたり、利用してはならないことになる。Ａが義父ＳにＲ株式会社の経営状況を説明して保証契約を回避するよう助言することは、法律に特段の定めがある場合に当たらず、何ら正当な理由に当たるものでもないので、弁護士法23条、弁護士職務基本規程56条に反するといえる。

2　〔設問４〕(2)

秘密保持義務は、共同事務所の所属弁護士でなくなった後も、適用される（弁護士職務基本規程56条後段）。そして、弁護士は、弁護士を辞めた場合においても、秘密保持義務を負う（弁護士23条）。したがって、小問１と同じである。

法務省公表の出題趣旨

設問１は、Ｙの相談内容に基づき、相殺の抗弁と留置権の抗弁の検討を求めるものである。相殺の抗弁については、法律効果の発生を基礎付けるための抗弁事実について、条文を基礎とする実体法上の要件と主張立証責任の所在に留意しつつ説明することが求められる。

設問２は、作成者名義の署名がある私文書の成立の真正に関して、民事訴訟法第228条第４項の理解を問うものである。

設問３は、要件事実の整理と事実認定の結果を踏まえて、請求原因・抗弁・再抗弁がそれぞれどのように判断され、どのような主文が導かれるかの検討を求めるものである。その際には、各認定事実が設問１の各抗弁とどのように関係するのかを簡潔に説明することが求められる。

設問４は、弁護士倫理の問題であり、弁護士職務基本規程第56条と弁護士法第23条に留意して検討することが求められる。

【参考答案】

〔設問１〕

１　(1)について

相殺の実体法上の要件は、㋐相対立する債権の存在、㋑両債権が同種目的であること、㋒両債権が弁済期にあること、㋓債務の性質が相殺を許さないものではないこと（以上、民505条１項）、㋔当事者が相殺を禁止する意思表示をしていないこと（民505条２項）、㋕相殺の意思表示（民506条１項）である。

㋐については、自働債権は、ＹのＸに対する民法608条１項に基づく費用償還請求権であり、⑤及び⑥がそれに該当する事実である。受働債権は、ＸのＹの対する賃料債権であるが、既に請求原因（Ｘの主張①、②）で主張されている。㋑については、両債権は、いずれも金銭債権であり、同種目的であることは示されている。㋒については、自働債権は、賃借建物の屋根の修理費用であり、必要費に該当するので、民法608条１項により、直ちに償還請求ができ、既に弁済期にあることになり、特に主張する必要はない。受働債権が弁済期にあることは、請求原因（Ｘの主張①、②）で示されている。㋓については、相殺適状にある債権は、その性質上相殺を許されるのが原則であるから、債務の性質上相殺を許されないことが再抗弁になると考えられる。㋔についても、当事者が相殺を禁止する意思表示をしたことが再抗弁になると考えられる。㋕については、Ｙの主張⑦で主張されている。

以上より、抗弁事実は、⑤から⑦までで必要かつ十分である。

2　(2)について

Ｙは、留置権（民295条１項）を主張することになる。すなわち、Ｙは、甲建物の占有者として、甲建物の修理費用を支出し、Ｙに対して費用償還請求権（民608条１項）を有する。したがって、それを被担保債権として、甲建物に留置権を行使することができる。

〔設問２〕

本件領収書には、手書きで「丙川三郎」の署名がある。仮に、本件領収書を丙川三郎が作成したのであれば、民事訴訟法228条４項により、成立の真正が推定され、Ｘにおいて、その推定を覆すに足りる立証をする必要が生じる。したがって、裁判所としては、署名を丙川三郎がしたものであるかについて、その認否を確認すべきである。

〔設問３〕

1　請求原因は争いがない。

2　抗弁１（相殺）について検討する。Ｙの相殺の意思表示は、Ｘによる賃貸借契約の解除の意思表示の後にされている。そうすると、契約解除の意思表示の時点では、Ｘは債務不履行（賃料未払い）状態にあったから、契約解除の意思表示は有効である。その後の相殺の意思表示は、相殺適状時にさかのぼって効力は生じる（民506条２項）が、消滅する両債権に関することであり、解除の効力には影響がないと考えられる。したがって、Ｘの甲建物の明渡請求に対し、相殺の抗弁は理由がない。

3　抗弁２（留置権）について検討する。Ｙは、甲建物の占有者として、甲建物の修理費用150万円を支出し、相当な額であったことが証拠上認められるから、Ｙに対して同額の費用償還請求権（民608条１項）を有する。したがって、それを被担保債権として、甲建物に留置権を行使することができる。もっとも、Ｘは、30万円について弁済した旨の再抗弁を主張しており、その事実は認められるので、費用償還請求権は120万円となっている。

4　以上からすると、留置権の抗弁が認められ、120万円の支払を受けるのと引き換えに甲建物を明け渡せとの引換給付判決（一部認容判決）となる。

〔設問４〕

(1)　Ｒ株式会社が資金繰りの状況から倒産は避けられない情勢にあるという事実は、その事実を知られると取引上不利になるものであり、一般に知られたくない事実であるから、弁護士法23条、弁護士職務基本規程56条の「秘密」に当たる。Ａは、Ｂから意見を求められたにすぎないが、職務上知り得たものであるから、これらの規定により、秘密保持義務を負う。そうすると、法律に特段の定めがある場合（弁護士23条）、あるいは、正当な理由がある場合（弁護士職務基本規程56条）を除いては、秘密を漏らしたり、利用してはならない。Ａが義父Ｓに R 株式会社の経営状況を説明して保証契約を回避するよう助言することは、法律に特段の定めがある場合に当たらず、正当な理由に当たるものでもないので、弁護士法23条、弁護士職務基本規程56条に反するといえる。
⑵　秘密保持義務は、共同事務所の所属弁護士でなくなった後も、適用される（弁護士職務基本規程56条後段）。そして、弁護士は、弁護士を辞めた場合においても、秘密保持義務を負う（弁護士23条）。したがって、⑴と同じである。

平成25年試験問題

司法試験予備試験用法文及び本問末尾添付の資料（略。筆者注：本書巻末資料を参照のこと）を適宜参照して、以下の各設問に答えなさい。

〔設問１〕

弁護士Ｐは、Ｘから次のような相談を受けた。

【Ｘの相談内容】

「私は、平成17年12月１日から「マンション甲」の301号室（以下「本件建物」といいます。）を所有していたＡから、平成24年９月３日、本件建物を代金500万円で買い受け（以下「本件売買契約」といいます。）、同日、Ａに代金500万円を支払い、本件建物の所有権移転登記を具備しました。

本件建物には現在Ｙが居住していますが、Ａの話によれば、Ｙが本件建物に居住するようになった経緯は次のとおりです。

Ａは、平成23年４月１日、Ｂに対し、本件建物を、賃貸期間を定めずに賃料１か月５万円とする賃貸借契約（以下「本件賃貸借契約」といいます。）を締結し、これに基づき、本件建物を引き渡しました。ところが、Ｂは、平成24年４月２日、Ｂの息子であるＹに対し、Ａの承諾を得ずに、本件建物を、賃貸期間を定めずに賃料１か月５万円とする賃貸借契約（以下「本件転貸借契約」といいます。）を締結し、これに基づき、本件建物を引き渡しました。こうして、Ｙが本件建物に居住するようになりました。

そこで、Ａは、同年７月16日、Ｂに対し、Ａに無断で本件転貸借契約を締結したことを理由に、本件賃貸借契約を解除するとの意思表示をし、数日後、Ｙに対し、本件建物の明渡しを求めました。しかし、Ｙは、本件建物の明渡しを拒否し、本件建物に居住し続けています。

このような次第ですので、私は、Ｙに対し、本件建物の明渡しを求めます。」

弁護士Ｐは、【Ｘの相談内容】を前提に、Ｘの訴訟代理人として、Ｙに対し、所有権に基づく返還請求権としての建物明渡請求権を訴訟物として、本件建物の明渡しを求める訴えを提起した。そして、弁護士Ｐは、その訴状において、請求を理由づける事実（民事訴訟規則第53条第１項）として、次の各事実を主張した（なお、以下では、これらの事実が請求を理由づける事実となることを前提に考えてよい。）。

①　Ａは、平成23年４月１日当時、本件建物を所有していたところ、Ｘに対し、平成24年９月３日、本件建物を代金500万円で売ったとの事実

②　Ｙは、本件建物を占有しているとの事実

上記各事実が記載された訴状の副本を受け取ったＹは、弁護士Ｑに相談をした。Ｙの相談内容は次のとおりである。

【Ｙの相談内容】

「Ａが平成23年４月１日当時本件建物を所有していたこと、ＡがＸに対して平成24年９月３日に本件建物を代金500万円で売ったことは、Ｘの主張するとおりです。

しかし、Ａは、私の父であるＢとの間で、平成23年４月１日、本件建物を、賃貸期間を定めずに賃料１か月５万円で賃貸し（本件賃貸借契約）、同日、Ｂに対し、本件賃貸借契約に基づき、本件建物を引き渡しました。そして、本件賃貸借契約を締結する際、Ａは、Ｂに対し、本件建物を転貸することを承諾すると約したところ（以下、この約定を「本件特約」といいます。）、Ｂは、本件特約に基づき、私との間で、平成24年４月２日、本件建物を、賃貸期間を定めずに賃料１か月５万円で賃貸し（本件転貸借契約）、同日、私に対し、本件転貸借契約に基づき、本件建物を引き渡しました。その後、私は、本件建物に居住しています。

このような次第ですので、私にはＸに本件建物を明け渡す義務はないと思います。」

そこで、弁護士Ｑは、答弁書において、Ｘの主張する請求を理由づける事実を認めた上で、占有権原の抗弁の抗弁事実として次の各事実を主張した。

③　Ａは、Ｂに対し、平成23年４月１日、本件建物を、期間の定めなく、賃料１か月５万円で賃貸したとの事実。

④ Aは、Bに対し、同日、③の賃貸借契約に基づき、本件建物を引き渡したとの事実。

⑤ Bは、Yに対し、平成24年4月2日、本件建物を、期間の定めなく、賃料1か月5万円で賃貸したとの事実。

⑥ Bは、Yに対し、同日、⑤の賃貸借契約に基づき、本件建物を引き渡したとの事実。

以上を前提に、以下の各問いに答えなさい。

(1) 本件において上記④の事実が占有権原の抗弁の抗弁事実として必要になる理由を説明しなさい。

(2) 弁護士Qが主張する必要がある占有権原の抗弁の抗弁事実は、上記③から⑥までの各事実だけで足りるか。結論とその理由を説明しなさい。ただし、本設問においては、本件転貸借契約締結の背信性の有無に関する事実を検討する必要はない。

〔設問2〕

平成24年11月1日の本件の第1回口頭弁論期日において、弁護士Qは、本件特約があった事実を立証するための証拠として、次のような賃貸借契約書（斜体部分は全て手書きである。以下「本件契約書」という。）を提出した。

賃貸借契約書

1 AはBに対し、本日から、Aが所有する「マンション甲」301号室を賃貸し、Bはこれを賃借する。

2 賃料は1か月金5万円とし、Bは、毎月末日限り翌月分をAに支払うものとする。

3 本契約書に定めがない事項は、誠意をもって協議し、解決するものとする。

4 Aは、Bが上記建物を転貸することを承諾する。

以上のとおり、契約が成立したので、本書を2通作成し、AB各1通を保有する。

平成23年4月1日

賃貸人 ***A*** A印

賃借人 ***B*** B印

本件契約書について、弁護士ＰがＸに第１回口頭弁論期日の前に確認したところ、Ｘの言い分は次のとおりであった。

【Ｘの言い分】

「Ａに本件契約書を見せたところ、Ａは次のとおり述べていました。

『本件契約書末尾の私の署名押印は、私がしたものです。しかし、本件契約書に記載されている本件特約は、私が記載したものではありません。本件特約は、Ｂ又はＹが、後で書き加えたものだと思います。』」

そこで、弁護士Ｐは、第１回口頭弁論期日において、本件契約書の成立の真正を否認したが、それに加え、本件特約がなかった事実を立証するための証拠の申出をすることを考えている。次回期日までに、弁護士Ｐが申出を検討すべき証拠には、どのようなものが考えられるか。その内容を簡潔に説明しなさい。なお、本設問に解答するに当たっては、次の〔設問３〕の⑦の事実を前提にすること。

〔設問３〕

本件の第１回口頭弁論期日の１週間後、弁護士Ｑは、Ｙから次の事実を聞かされた。

⑦　本件の第１回口頭弁論期日の翌日にＢが死亡し、Ｙの母も半年前に死亡しており、Ｂの相続人は息子のＹだけであるとの事実

これを前提に、次の各問いに答えなさい。

(1)　上記⑦の事実を踏まえると、弁護士Ｑが主張すべき占有権原の抗弁の内容はどのようなものになるか説明しなさい。なお、当該抗弁を構成する具体的事実を記載する必要はない。

(2)　弁護士Ｐは、(1)の占有権原の抗弁に対して、どのような再抗弁を主張することになるか。その再抗弁の内容を端的に記載しなさい。なお、当該再抗弁を構成する具体的事実を記載する必要はない。

〔設問４〕

本件においては、〔設問３〕の(1)の占有権原の抗弁及び(2)の再抗弁がいずれも適切に主張されるとともに、〔設問１〕の①から⑥までの各事実及び〔設問３〕の⑦の事実は、全て当事者間に争いがなかった。そして、証拠調べの結果、裁判所は、次の事実があったとの心証を形成した。

【事実】

本件建物は、乙市内に存在するマンションの一室で、間取りは1DKである。Aは、平成17年12月1日、本件建物を当時の所有者から賃貸目的で代金600万円で買い受け、その後、第三者に賃料1か月8万円で賃貸していたが、平成22年4月1日から本件建物は空き家になっていた。

平成23年3月、Aは、長年の友人であるBから、転勤で乙市に単身赴任することになったとの連絡を受けた。AがBに転居先を確認したところ、まだ決まっていないとのことであったため、Aは、Bに本件建物を紹介し、本件賃貸借契約が締結された。なお、賃料は、友人としてのAの計らいで、相場より安い1か月5万円とされた。

平成24年3月、Bの長男であるY（当時25歳）が乙市内の丙会社に就職し、乙市内に居住することになった。Yは、22歳で大学を卒業後、就職もせずに遊んでおり、平成24年3月当時、貸金業者から約150万円の借金をしていた。そこで、Bは、Yが借金を少しでも返済しやすくするため、Aから安い賃料で借りていた本件建物をYに転貸し、自分は乙市内の別のマンションを借りて引っ越すことにした。こうして、本件転貸借契約が締結された。

本件転貸借契約後も、BはAに対し、約定どおり毎月の賃料を支払ってきたが、同年7月5日、本件転貸借契約の締結を知ったAは、同月16日、Bに対し、本件転貸借契約を締結したことについて異議を述べた。これに対し、Bは、転貸借契約を締結するのに賃貸人の承諾が必要であることは知らなかった、しかし、賃料は自分がAにきちんと支払っており、Aに迷惑はかけていないのだから、いいではないかと述べた。Aは、Bの開き直った態度に腹を立て、貸金業者から借金をしているYは信用できない、Yに本件建物を無断で転貸したことを理由に本件賃貸借契約を解除すると述べた。しかし、Bは、解除は納得できない、せっかくYが就職して真面目に生活するようになったのに、解除は不当であると述べた。

その後、Bは、無断転貸ではなかったことにするため、本件契約書に本件特約を書き加えた。そして、Bは、Yに対し、本件転貸借契約の締結についてはAの承諾を得ていると嘘をつき、Yは、これを信じて本件建物に居住し続けた。

この場合、裁判所は、平成24年7月16日にAがした本件賃貸借契約の解除の効力について、どのような判断をすることになると考えられるか。結論とその理由を説明しなさい。なお、上記事実は全て当事者が口頭弁論期日において主張しているものとする。

〔設問5〕

弁護士Ｐは、平成15年頃から継続的にＡの法律相談を受けてきた経緯があり、本件についても、Ａが本件転貸借契約の締結を知った翌日の平成24年７月６日、Ａから相談を受けていた。その際、弁護士Ｐは、Ａに対し、本件建物を売却するのであれば、無断転貸を理由に本件賃貸借契約を解除してＹから本件建物の明渡しを受けた後の方が本件建物を売却しやすいとアドバイスした。

その後、Ａは、無断転貸を理由に本件賃貸借契約を解除したが、Ｙから本件建物の明渡しを受ける前に本件建物をＸに売却した。その際、Ａは、Ｘから、本件建物の明渡しをＹに求めようと思うので弁護士を紹介してほしいと頼まれ、本件の経緯を知っている弁護士ＰをＸに紹介した。

弁護士Ｐは、Ａとの関係から、Ｘの依頼を受けざるを得ない立場にあるが、受任するとした場合、受任するに当たってＸに何を説明すべきか（弁護士報酬及び費用は除く。）について述べなさい。

[関係図]

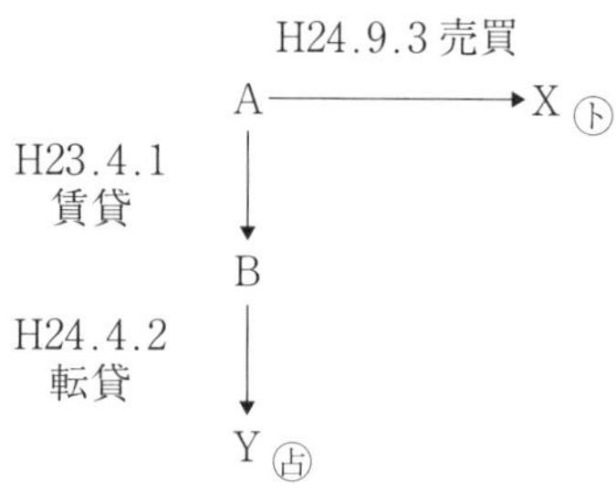

解　説

I　訴訟物

訴訟物は、問題中に「所有権に基づく返還請求権としての建物明渡請求権」と明示されている。賃貸借契約の終了に基づく建物明渡請求ではない。

Ⅱ　請求原因

請求原因は、

㋐　Ａもと所有 ㋑　Ａ→Ｘ売買 ㋒　Ｙ現占有

である。㋐と㋑が①で、㋒が②で示されている。

Ⅲ　抗弁１～〔設問１〕⑴

〔設問１〕⑴で、Ｙは、抗弁として、占有権原の抗弁を主張している（［基礎編］188頁参照）。ＢとＹ間の転貸借に基づくものであるが、転貸借が適法にされたとしても、もともとの賃貸借が適法にされたものでなければ、適法な占有権原にはならない。つまり、転貸借に基づく占有権原の抗弁を主張するためには、賃貸借契約の成立（③の事実）のほか、それに基づく引渡し（④の事実）を主張する必要がある。

なお、賃貸人たる地位がＡからＸに移転しており、Ｘに対し対抗力ある賃借権（賃貸借契約と引渡し。借地借家法31条）を主張するために、Ｙが④の事実を主張する必要があるという解答も考えられる（この場合には、④だけではなく、③、⑤、⑥の各事実も必要）。本問がどこまで求めているかは定かではないが、ＸはＹの対抗要件の具備を問題にしているわけではないので、対抗力ある賃借権を主張するためというのは不要であろう。

Ⅳ　抗弁２～〔設問１〕⑵

〔設問１〕⑵は、無断転貸かが争われた場合の「賃貸人の承諾」について、賃貸人が「承諾を得ていないこと」を主張・立証するのか、それとも賃借人が「承諾を得た」ことについて、主張・立証責任を負うかという問題である。

民法612条１項は、「賃貸人の承諾を得なければ」転貸できない旨規定しており、承諾を得たことによって無断転貸とはいえないことになること、承諾

〔図5〕 ブロックダイアグラム

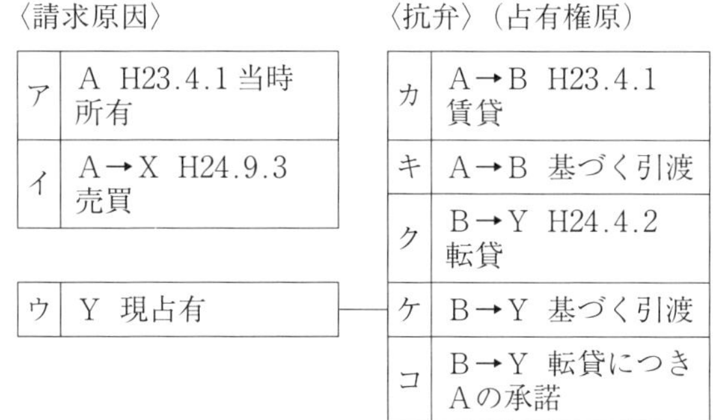

を得ていないという消極的事実につき主張・立証責任を負わせるのは相当でないことなどからすると、賃借人が賃貸人の承諾を得たことについて主張・立証責任を負うと解するのが相当である。

V　事実認定〜〔設問2〕

〔設問2〕では、Yは承諾があったこと（本件特約）を立証するために、賃貸借契約書を提出し、本件特約があったことを立証しようとしている。これに対し、Xは、本件特約を記載した賃貸借契約書の4項が後で書き加えられた（変造された）と主張している。

契約書を見ると、「本書を2通作成し、AB各1通を保有する」とあるので、弁護士Qは、Bからこの契約書を入手したと考えられる。そうすると、もう1通の契約書はAが持っていると考えられ、Aからその契約書を入手して、4項がもともとの契約書には記載がなかったことを立証することになる。

Xの言い分どおりとすると、その契約書を入手できれば、4項の記載がなかったことが明らかになり、Yが提出した契約書は変造されたことが明確となって、他の立証は不要であると思われるが、入手できなかった場合やより確実な立証をするとの観点から、証人申請をすることが考えられる。その場合、A（Bはすでに死亡）の証人尋問が考えられる（〔設問3〕の⑦の事実を前提にすることというのは、Bの証人申請ができないことを意味していると考えられる)。

他の立証方法としては、契約書４項の筆跡鑑定をして、Ｂの字体であることを立証する方法も考えられるが、Ｂの字体であっても、Ｙから「契約の当日、急きょ合意した内容をＢが記載したものである」という主張がされると、結論に影響せず、意味がない。

Ⅵ　抗弁３～〔設問３〕(1)

〔設問３〕(1)では、話が少し変わり、再び主張レベルの話に戻り、抗弁と再抗弁の問題である。

Ｂが死亡して相続人がＹだけであるとすると、Ｂの地位をＹがそのまま承継しているので、Ｂ＝Ｙということになり、Ｂの転借人たる地位は、混同によって消滅することになる（民520条本文）。したがって、Ｙは、ＡからＢへの賃貸借の事実と、Ｂが死亡し相続人がＹのみであることを主張・立証

〔図６〕　ブロックダイアグラム

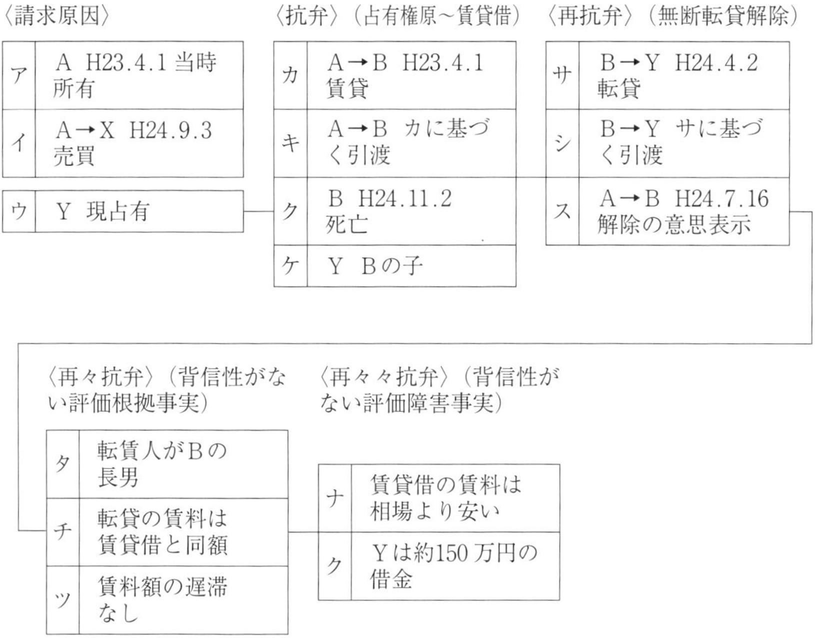

〈請求原因〉

ア	Ａ　H23.4.1 当時所有
イ	Ａ→Ｘ　H24.9.3 売買
ウ	Ｙ　現占有

〈抗弁〉（占有権原～賃貸借）

カ	Ａ→Ｂ　H23.4.1 賃貸
キ	Ａ→Ｂ　カに基づく引渡
ク	Ｂ　H24.11.2 死亡
ケ	Ｙ　Ｂの子

〈再抗弁〉（無断転貸解除）

サ	Ｂ→Ｙ　H24.4.2 転貸
シ	Ｂ→Ｙ　サに基づく引渡
ス	Ａ→Ｂ　H24.7.16 解除の意思表示

〈再々抗弁〉（背信性がない評価根拠事実）

タ	転賃人がＢの長男
チ	転貸の賃料は賃貸借と同額
ツ	賃料額の遅滞なし

〈再々々抗弁〉（背信性がない評価障害事実）

ナ	賃貸借の賃料は相場より安い
ク	Ｙは約150万円の借金

すれば（相続人がＹのみであることを立証する必要があるかは争いがあるが（［基礎編］316頁）、本問では、「抗弁を構成する具体的事実を記載する必要はない」とされているので、この点の検討は不要である）、足りることになる。具体的には、⑤と⑥の事実が不要となり、代わってＹがＢから相続で賃借権を取得したことを主張・立証することになる。

Ⅶ　再抗弁〜〔設問３〕(2)

再抗弁としては、Ａ・Ｂ間の本件賃貸借契約につき、ＢがＡに無断でＹに転貸したので、Ａが無断転貸を理由として本件賃貸借契約を解除したこと（民612条２項）、である。問題文に「端的に記載しなさい」とあるので、この程度の記述で足りるであろう。

もともと本件賃貸借契約は、平成24年７月16日にＡにより解除の意思表示がされている。Ｙが相続によりＢと同一となったのは、同年11月２日で、それより前に契約の解除をしているので、相続の点は賃貸借の解除に影響しない。

Ⅷ　事実認定〜〔設問４〕

無断転貸を理由とする賃貸借契約の解除に対し、背信性を認めるに足りない特段の事情がある場合には、解除権が否定される（最判昭28・9・25民集７巻９号979頁参照）。賃借人側が「背信的行為と認めるに足りない特段の事情」を主張・立証する必要がある。

一般にあげられているのは、転借人の個性（賃借人の家族・親族か無関係なものか）、転貸の営利性（賃貸借と転貸借の賃料・敷金の比較）、転貸の動機等であり、これらを検討することになる（［基礎編］265頁）。

これを前提として、問題文から双方に有利な事情を抽出し、それに基づいて判断する必要がある。まず、転借人が誰であるかは重要だが、賃借人の長男である。身内の者であり、これは背信性を認めるに足りない１つの事情である。転貸の営利性もなく、ＢはＡに対し賃料を支払っており、賃料額の遅滞はない。転貸の動機も、長男であるＹに少しでも借金を返済しやすくするためであり、やむを得ない面がある。

他方、前記特段の事情が認められない事情としては、Aは、Bに対し相場より安い賃料で貸しているにもかかわらず、BはYに転貸したこと、Yは約150万円の借金があり、資力に不安があること（ただし、この点は、BはAに対し遅滞なく賃料を支払っており、Yの資力は問題にならないという反論が考えられる）があげられる。Bが本件契約書の本件特約を書き加えた点は、契約解除の時点である平成24年7月16日より後のことであり、問題とはならない（［基礎編］95頁）。

結論としては、両方考えられ、それぞれの立場になった論述をすればよいと考えられるので、「参考答案」では両案を記載した。

Ⅸ　弁護士倫理～〔設問5〕（［基礎編］405頁）

Pは、Xの代理人として、Yに対し本件建物の明渡しを請求することになるが、Aのした本件賃貸借契約の解除が無効であるとして、Yに対する本件建物の明渡請求が認められないこともあり得る。その場合、XはAに対し損害賠償等を追及することが考えられるが、Pは、継続的にAの法律相談を受けてきたことからすると、弁護士職務基本規程28条2号にいう「継続的な法律事務の提供を約している者を相手方とする事件」に当たり、AおよびXの同意がない限り、Xの依頼を受けて代理人になることができない。したがって、Pは、Xに対し、弁護士職務基本規程29条の事件の見通しとして、本件賃貸借契約の解除が無効な場合には本件建物の明渡請求が認められないこと、その場合、Aに対して損害賠償等を請求するときには、Xの代理人になることができないことを説明すべきである。

法務省公表の出題趣旨

設問1は、転貸借に基づく占有権原の抗弁の抗弁事実について説明・検討を求めるものであり、実体法上の要件に留意して説明・検討することが求められる。

設問2は、転貸承諾の事実を争うための立証手段を問うものであり、書証と人証の双方を検討することが求められる。

設問3は、訴訟中に事実関係が変動した場合の影響を問うものであり、従前の抗弁を維持できるか否か、維持できない場合にはどのような抗弁とすべきかを検討した上で、その抗弁に対する再抗弁を検討することが求められる。
設問4は、解除の有効性に関する判断を問うものである。主に、転貸借が背信行為と認めるに足りない特段の事情という規範的要件について、当事者が主張し、裁判所が認定した事実の中から、どの事実がいかなる理由から評価を根拠付け又は障害する上で重要であるかに留意して、検討することが求められる。
設問5は、弁護士倫理の問題であり、弁護士職務基本規程第29条に留意して、将来生じ得る状況を想定した上で、依頼者に対していかなる説明をすべきかを検討することが求められる。

【参考答案】

〔設問1〕

⑴　転貸借が適法にされたとしても、もともとの賃貸借が適法にされたものでなければ、適法な占有権原にはならない。このため、転貸借に基づく占有権原の抗弁を主張するためには、転貸借契約の成立とその引渡し（⑤と⑥）に加え、賃貸借契約の成立（③の事実）のほか、それに基づく引渡し（④の事実）を主張しなければならない。つまり、請求原因で現れたＹの占有が③の賃貸借契約に基づく適法なものであることを示すために、④の事実が抗弁事実として必要になる。

⑵　③～⑥の各事実だけでは足りない。

無断転貸が争われた場合の「賃貸人の承諾」について、賃貸人が「承諾を得ていないこと」につき主張・立証責任を負うのか、賃借人が「承諾を得た」ことにつき主張・立証責任を負うのかという問題である。

民法612条１項は、「賃貸人の承諾を得なければ」転貸できない旨規定しており、転貸借は賃貸人の承諾を得ることによって適法な転貸借となるものであること、承諾を得ていないという消極的事実につき主張・立証責任を負わせるのは相当でないことからすると、賃借人が賃貸人の承諾を得たことにつき主張・立証責任を負うと解するのが相当である。

したがって、本問では、Ｙが本件転貸借契約につきＡによる転貸の承諾を得た事実（本件特約）を主張しなければならない。

〔設問2〕

本件契約書は、「２通作成し、AB 各１通を保有する」とあるように、弁護士Ｑは、Ｂからこの契約書を入手したと考えられる。そうすると、もう１通の本件契約書はＡが持っていると考えられる。したがって、弁護士Ｐとしては、Ａから本件契約書を入手して、４項がもとの契約書には記載がなかったことを立証することになると考えられる。

また、証人申請として、A（Bは既に死亡）の証人尋問が考えられる。本件契約書を入手できなかった場合やより確実な立証するとの観点から有益である。

〔設問3〕

⑴　Bが死亡して相続人がYだけであるとすると、Bの地位をYがそのまま承継しているので、B＝Yということになり、Bの転借人になる地位は、混同によって消滅することになる（民520条本文）。したがって、Yは、AからBへの賃貸借の事実と、Bが死亡し相続人がYのみであることを主張・立証すれば足りることになる。具体的には、⑤と⑥の事実が不要となり、代わってYがBから相続で賃借権を取得したことを主張・立証することになる。

⑵　A・B間の本件賃貸借契約につき、BがAに無断でYに転貸したので、Aが無断転貸を理由して本件賃貸借契約を解除したこと（民612条2項）である。

〔設問4〕

無断転貸を理由とする賃貸借契約の解除に対し、背信性を認めるに足りない特段の事情がある場合には、解除権が否定される。その場合、賃借人が「背信的行為と認めるに足りない特段の事情」を主張・立証する必要がある。

上記特段の事情がある事実としては、次の点が挙げられる。まず、賃借人が誰であるかは重要だが、賃借人Bの長男Yである。身内の者であり、これは特段の事情を認める一つの事情である。また、Bは、Yから本件賃貸借契約と同額の5万円を取得しているだけであり、転貸の営利性がない。さらに、BはAに対し賃料を支払っており、賃料額の遅滞はない。転貸の動機も、長男であるYに少しでも借金を返済しやすくするためであり、やむを得ない面がある。

他方、上記特段の事情が認められない事実としては、Bは、AからAの計らいで安い賃料で借りているにもかかわらず、Yに対して転貸したことが挙げられる。また、Yは、大学卒業後、就職もせず遊んでおり、150万円の借金があり、資力に不安があることも挙げられる。なお、Bが本件契約書に本件特約を書き加えた点については、本件賃貸借契約の解除後のことであり、本件では問題とはならない。

（甲案）

以上を総合すると、転借人が長男であることや転貸借につき営利性がなく、賃料もAに対して遅滞なく支払われていることからすると、Aの計らいで相場より安い賃料額であることを考慮しても、背信性を認めるに足りない特段の事情が認められるものと考える。したがって、本件賃貸借契約の解除は認められない。

（乙案）

以上からすると、Ｂは、ＡからＡの計らいで相場よりも安い賃料で借りているにもかかわらず、Ｙに転貸していること、しかも、Ｙは、就職しておらず、150万円の借金があり、資力に不安があることからすると、ＹがＢの長男であることなどを考慮しても、背信性を認めるに足りない特段の事情に当たるということはできない。したがって、本件賃貸借契約の解除は認められる。

〔設問５〕

Ｐは、Ｘの代理人として、Ｙに対し本件建物の明渡しを請求することになるが、Ａのした本件賃貸借契約の解除が無効であるとして、Ｙに対する本件建物の明渡請求が認められないこともあり得る。その場合、ＸはＡに対し損害賠償等を追及することが考えられるが、Ｐは、継続的にＡの法律相談を受けてきたことからすると、弁護士職務基本規程28条２号にいう「継続的な法律事務の提供を約している者を相手方とする事件」にあたり、ＡおよびＸの同意がない限り、Ｘの依頼を受けて代理人になることができない。したがって、Ｐは、Ｘに対し、弁護士職務基本規程29条の事件の見通しとして、本件賃貸借契約の解除が無効な場合には本件建物の明渡請求が認められないこと、その場合、Ａに対して損害賠償等を請求するときには、Ｘの代理人になることができないことを説明すべきである。

平成26年試験問題

司法試験予備試験用法文を適宜参照して、以下の各設問に答えなさい。

〔設問１〕

弁護士Ｐは、Ｘから次のような相談を受けた。

【Ｘの相談内容】

「私の父Ｙは、その妻である私の母が平成14年に亡くなって以来、Ｙが所有していた甲土地上の古い建物（以下「旧建物」といいます。）に１人で居住していました。平成15年初め頃、Ｙが、生活に不自由を来しているので同居してほしいと頼んできたため、私と私の妻子は、甲土地に引っ越してＹと同居することにしました。Ｙは、これを喜び、旧建物を取り壊した上で、甲土地を私に無償で譲ってくれました。そこで、私は、甲土地上に新たに建物（以下「新建物」といいます。）を建築し、Ｙと同居を始めました。ちなみにＹから甲土地の贈与を受けたのは、私が新建物の建築工事を始めた平成15年12月１日のことで、その日、私はＹから甲土地の引渡しも受けました。

ところが、新建物の完成後に同居してみると、Ｙは私や妻に対しささいなことで怒ることが多く、とりわけ、私が退職した平成25年春には、Ｙがひどい暴言を吐くようになり、ついには遠方にいる弟Ａの所に勝手に出て行ってしまいました。

平成25年10月頃、Ａから電話があり、甲土地はＡに相続させるとＹが言っているとの話を聞かされました。さすがにびっくりするとともに、とても腹が立ちました。親子なので書類は作っていませんが、Ｙは、甲土地が既に私のものであることをよく分かっているはずです。平成16年から現在まで甲土地の固定資産税等の税金を支払っているのも私です。もちろん母がいるときのようには生活できなかったかもしれませんが、私も妻もＹを十分に支えてきました。

甲土地は、Ｙの名義のままになっていますので、この機会に、私は、Ｙに対し、所有権の移転登記を求めたいと考えています。」

弁護士Ｐは、【Ｘの相談内容】を受けて甲土地の登記事項証明書を取り寄せたところ、昭和58年12月１日付け売買を原因とするＹ名義の所有権移転登記（詳細省略）があることが明らかとなった。弁護士Ｐは、【Ｘの相談内容】を前提に、Ｘの訴訟代理人として、Ｙに対し、贈与契約に基づく所有権移転登記請求権を訴訟物として、所有権移転登記を求める訴えを提起することにした。

以上を前提に、以下の各問いに答えなさい。

⑴　弁護士Ｐが作成する訴状における請求の趣旨（民事訴訟法第133条第２項）を記載しなさい。

⑵　弁護士Ｐは、その訴状において、「Ｙは、Ｘに対し、平成15年12月１日、甲土地を贈与した。」との事実を主張したが、請求を理由づける事実（民事訴訟規則第53条第１項）は、この事実のみで足りるか。結論とその理由を述べなさい。

〔設問２〕

上記訴状の副本を受け取ったＹは、弁護士Ｑに相談した。贈与の事実はないとの事情をＹから聴取した弁護士Ｑは、Ｙの訴訟代理人として、Ｘの請求を棄却する、贈与の事実は否認する旨記載した答弁書を提出した。

平成26年２月28日の本件の第１回口頭弁論期日において、弁護士Ｐは訴状を陳述し、弁護士Ｑは答弁書を陳述した。また、同期日において、弁護士Ｐは、次回期日までに、時効取得に基づいて所有権移転登記を求めるという内容の訴えの追加的変更を申し立てる予定であると述べた。

弁護士Ｐは、第１回口頭弁論期日後にＸから更に事実関係を確認し、訴えの追加的変更につきＸの了解を得て、訴えの変更申立書を作成し、請求原因として次の各事実を記載した。

①　Ｘは、平成15年12月１日、甲土地を占有していた。

②　〔ア〕

③　無過失の評価根拠事実

平成15年11月１日、Ｙは、Ｘに対し、旧建物において、「明日からこの建物を取り壊す。取り壊したら、甲土地はお前にただでやる。いい建

物を頼むぞ。」と述べ、甲土地の登記済証（権利証）を交付した。〔以下省略〕

④　Xは、Yに対し、本申立書をもって、甲土地の時効取得を援用する。

⑤　**〔イ〕**

⑥　よって、Xは、Yに対し、所有権に基づき、甲土地について、上記時効取得を原因とする所有権移転登記手続をすることを求める。

以上を前提に、以下の各問いに答えなさい。

(1)　上記**〔ア〕**及び**〔イ〕**に入る具体的事実を、それぞれ答えなさい。

(2)　上記①から⑤までの各事実について、請求原因事実としてそれらの事実を主張する必要があり、かつ、これで足りると考えられる理由を、実体法の定める要件や当該要件についての主張・立証責任の所在に留意しつつ説明しなさい。

(3)　上記③無過失の評価根拠事実（甲土地が自己の所有に属すると信じるにつき過失はなかったとの評価を根拠付ける事実）に該当するとして、「Xは平成16年から現在まで甲土地の固定資産税等の税金を支払っている。」を主張することは適切か。結論とその理由を述べなさい。

〔設問3〕

上記訴えの変更申立書の副本を受け取った弁護士Qは、Yに事実関係の確認をした。Yの相談内容は次のとおりである。

【Yの相談内容】

「私は、長男Xと次男Aの独立後しばらくたった昭和58年12月1日、甲土地及び旧建物を前所有者であるBから代金3000万円で購入して所有権移転登記を取得し、妻と生活していました。

その後、妻が亡くなってしまい、私も生活に不自由を来すようになりましたので、Xに同居してくれるよう頼みました。Xは、甲土地であれば通勤等が便利だと言って喜んで賛成してくれました。私とXは、旧建物は私の方で取り壊すこと、甲土地をXに無償で貸すこと、Xの方で二世帯が住める住宅を建てることを決めました。

しかし、いざ新建物で同居してみると、だんだんと一緒に生活することが辛くなり、平成25年春、Aに頼んでAの所で生活をさせてもらうことにしました。

このような次第ですので、私が甲土地上の旧建物を取り壊して甲土地をXに引き渡したこと、Xに甲土地を引き渡したのが新建物の建築工事が始まった平成15年12月1日であり、それ以来Xが甲土地を占有していること、Xが新建物を所有していることは事実ですが、私はXに対し甲土地を無償で貸したのであって、贈与したのではありません。平成15年12月1日に私とXが会って新築工事の話をしましたが、その際に甲土地を贈与するという話は一切出ていませんし、書類も作っていません。私には所有権の移転登記をすべき義務はないと思います。」

弁護士Qは、【Yの相談内容】を踏まえて、どのような抗弁を主張することになると考えられるか。いずれの請求原因に関するものかを明らかにした上で、当該抗弁の内容を端的に記載しなさい（なお、無過失の評価障害事実については記載する必要はない。）。

〔設問4〕

第1回弁論準備手続期日において、弁護士Pは訴えの変更申立書を陳述し、弁護士Qは前記抗弁等を記載した準備書面を陳述した。その後、弁論準備手続が終結し、第2回口頭弁論期日において、弁論準備手続の結果の陳述を経て、XとYの本人尋問が行われた。本人尋問におけるXとYの供述内容の概略は、以下のとおりであった。

【Xの供述内容】

「私は、平成15年11月1日、旧建物に行き、Yと今後の相談をしました。その際、Yは、私に対し、『明日からこの建物を取り壊す。取り壊したら、甲土地はお前にただでやる。いい建物を頼むぞ。』と述べ、甲土地の登記済証（権利証）を交付してくれました。私は、Yと相談して、Yの要望に沿った二世帯住宅を建築することにし、Yが住みやすいような間取りにしました。新建物は、仮にYが亡くなった後も、私や私の妻子が末永く住めるよう私が依頼して鉄筋コンクリート造の建物としました。

平成15年12月1日、更地になった甲土地で新建物の建築工事が始まることになり、Yと甲土地で会いました。Yは、『今日からこの土地はお前の土地だ。ただでやる。同居が楽しみだな。』と言ってくれ、私も『ありがとう。』と答えました。

私はその日に土地の引渡しを受け、工事を開始し、新建物を建築しました。その後、私は、甲土地の登記済証（権利証）を保管し、平成16年以降、甲土地の固定資産税等の税金を支払い、Yが勝手に出て行った平成25年春までは、その生活の面倒も見てきました。

新建物の建築費用は3000万円で、私の預貯金から出しました。移転登記については、いずれすればよいと思ってそのままにし、贈与税の申告もしていませんでした。なお、親子のことですから、贈与の書面は作っていませんが、Yが事実と異なることを言っているのは、Aと同居を始めたからに違いありません。」

【Yの供述内容】

「私は、平成15年11月1日、旧建物で、Xと今後の相談をしましたが、その際、私は、Xに対し、『明日からこの建物を取り壊す。取り壊したら、甲土地はお前に無償で貸す。いい建物を頼むぞ。』と言ったのであって、『譲渡する』とは言っていません。Xには、生活の面倒を見てもらい、甲土地の固定資産税等の支払いをしてもらい、正直、私が死んだら、甲土地はXに相続させようと考えていたのは事実ですが、生前に贈与するつもりはありませんでしたし、贈与の書類も作っていません。なお、甲土地の登記済証（権利証）を交付しましたが、これは旧建物を取り壊す際に、Xに保管を依頼したものです。

平成15年12月1日、更地になった甲土地で新建物の建築工事が始まることになり、Xと甲土地で会いましたが、私が言ったのは、『今日からこの土地はお前に貸してやる。お金はいらない。』ということです。その日からXが新建物の工事を始め、私の意向を踏まえた二世帯住宅が建ち、私たちは同居を始めました。

しかし、いざ新建物で同居してみると、Xらは私を老人扱いしてささいなことも制約しようとしましたので、だんだんと一緒に生活することが辛くなり、平成25年春、別居せざるを得なくなったのです。Xには、誰のおかげでここまで来れたのか、もう一度よく考えてほしいと思います。」

本人尋問終了後に、弁護士Qは、次回の第3回口頭弁論期日までに、当事者双方の尋問結果に基づいて準備書面を提出する予定であると陳述した。弁護士Qは、「Yは、Xに対し、平成15年12月1日、甲土地を贈与した。」とのXの主張に関し、法廷におけるXとYの供述内容を踏まえて、Xに有利な事実への反論をし、Yに有利な事実を力説して、Yの主張の正当性を明らかにしたいと考えている。

この点について、弁護士Qが作成すべき準備書面の概略を答案用紙1頁程度の分量で記載しなさい。

〔設問５〕

弁護士Ｑは、Ｙから本件事件を受任するに当たり、Ｙに対し、事件の見通し、処理方法、弁護士報酬及び費用について一通り説明した上で、委任契約を交わした。その際、Ｙから「私も高齢で、難しい法律の話はよく分からない。息子のＡに全て任せているから、今後の細かい打合せ等については、Ａとやってくれ。」と言われ、弁護士Ｑは、日頃Ａと懇意にしていたこともあったため、その後の訴訟の打合せ等のやりとりはＡとの間で行っていた。

第３回口頭弁論期日において裁判所から和解勧告があり、XY間において、ＹがＸに対し甲土地の所有権移転登記手続を行うのと引換えにＸがＹに対し1500万円を支払うとの内容の和解が成立したが、弁護士Ｑは、その際の意思確認もＡに行った。また、弁護士Ｑは、和解成立後の登記手続等についても、Ａから所有権移転登記手続書類を預かり、その交付と引換えにＸから1500万円の支払を受けた。さらに、弁護士Ｑは、受領した1500万円から本件事件の成功報酬を差し引いて、残額については、Ａの指示により、Ａ名義の銀行口座に送金して返金した。

弁護士Ｑの行為は弁護士倫理上どのような問題があるか、司法試験予備試験用法文中の弁護士職務基本規程を適宜参照して答えなさい。

[関係図]

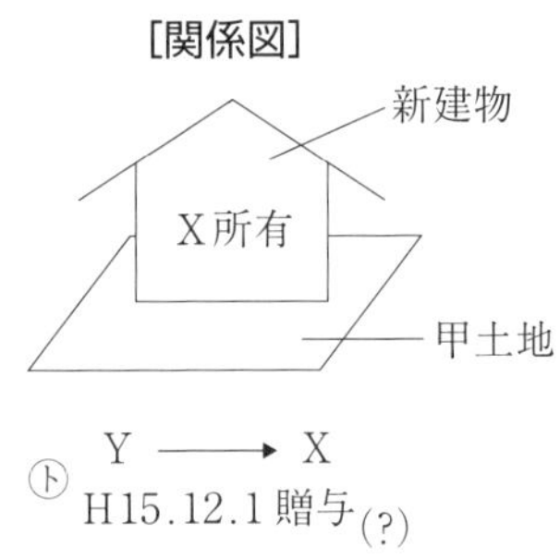

解　説

I　訴訟物～〔設問１〕(1)

1　訴訟物

訴訟物は問題文に示されている。「贈与契約に基づく所有権移転登記請求権」である。所有権に基づく妨害排除請求権としての所有権移転登記請求権も考えられるが、本問では、贈与契約に基づくものを訴訟物としている。

2 請求の趣旨～〔設問１〕(1)

〔設問１〕(1)で、請求を趣旨を記載することを求めているのは、登記は法務局の登記官が行うので、そのルールを知っているかを尋ねているようである（［基礎編］224頁）。抹消登記であれば、その登記を抹消するだけであるから、登記原因を記載する必要はないが、移転登記の場合には登記原因も登記事項になっている（不登59条３号）。

請求の趣旨は、「Yは、Xに対し、甲土地について、平成15年12月１日贈与を原因とする所有権移転登記手続をせよ」となる。

Ⅱ 請求原因１～〔設問１〕(2)

登記請求権には、①物権的登記請求権、②債権的登記請求権、③物権変動的登記請求権がある（［基礎編］207頁参照）。①は現在の実体的な物権関係と登記が一致しない場合に物権の効力として発生するもの、②は不動産の売買のように財産的移転義務の一内容として契約当事者間に発生するもの、③は物権変動の過程と登記が一致しない場合にその不一致を除去するために発生するものである。

〔設問１〕(2)では、訴訟物は贈与契約に基づく所有権移転登記請求権であるから、②の場合で、通常の契約と同様に、契約の締結のみによって成立する請求権である。贈与側が所有権登記を有しているかは問題にはならない。物権的登記請求権であれば、「X所有」、「Y現登記」が必要だが、契約に基づくものであるから、契約の成立のみを主張・立証すれば足りる。

Ⅲ 請求原因２～〔設問２〕

1 〔設問２〕(1)

〔設問２〕では、訴えの追加的変更がなされている。訴えの追加的変更であるから、訴訟物が２つになる。新たな訴訟物は、所有権に基づく妨害排除請求権としての所有権移転登記請求権である。本問では、求められていないが、請求の趣旨は、「Yは、Xに対し、甲土地について、平成15年12月1日取得時効を原因とする所有権移転登記手続をせよ」となる（[基礎編] 224頁）。時効の効果はその起算日にさかのぼる（民144条）ので、登記原因の日付も同日となる。

請求原因は、Ⓐ X所有、Ⓑ Y現登記である。

Ⓐ X所有は、①〜④である。取得時効は、①と②で時効期間の占有（占有開始時と時効完成時）を主張していることになるので、②は、①の時点から10年が経過した日の占有である（[基礎編] 226頁）。具体的には、「Xは、平成25年12月1日経過時、甲土地を占有していた」となる。起算日は、原則どおり、占有の翌日から起算するので（[基礎編] 226頁）、それから10年の応答日である平成25年12月1日の経過により時効取得することになる。

Ⓑ Y現登記は、Yが現に甲土地につき所有権移転登記を有していることである。

2 〔設問2〕(2)

〔設問2〕(2)は、取得時効を原因とする所有権移転登記請求権の要件事実を検討する問題である。前述のとおり、Xの所有とYの現登記である。

短期取得時効の実体法上の成立要件は、

Ⓘ　所有の意思をもって
Ⓘⅰ　平穏かつ公然に
Ⓘⅱ　他人の物を
Ⓘⅴ　10年間占有すること
Ⓥ　占有開始時に善意
Ⓥⅰ　Ⓥにつき無過失
Ⓥⅱ　時効援用の意思表示

である（民162条2項、145条。[基礎編] 227頁）。民法186条1項により、占有者は、Ⓘ所有の意思をもって、Ⓘⅰ平穏かつ公然と占有すると推定される（暫定真実といわれている。[基礎編] 220頁参照）。つまり、取得時効を争う側にお

いて、その反対事実（所有の意思がない、強暴・隠秘）を主張・立証することとなる。Ⓘについては、自己の物の時効取得も認められるので（最判昭42・7・21民集21巻6号1643頁参照）、要件ではない。Ⓘは、民法186条2項により、前後の両時点における占有の事実があれば、占有はその期間継続したものと推定されるので、占有開始時の占有とそれから10年経過時点の占有を主張・立証すれば足りる。Ⓥの善意も推定される（民186条1項）。Ⓥの無過失については推定規定はないので、主張・立証する必要がある。無過失とは、自己に所有権があると信じたことについて過失がないことであり、占有開始時に無過失であれば足りる（[基礎編] 228頁）。Ⓥ時効援用の意思表示は主張・立証を要する。

以上からすると、短期取得時効の要件事実は、

ⓘ　ある時点で占有していたこと ⓘⓘ　ⓘの時点から10年経過した時点で占有していたこと ⓘⓘⓘ　占有開始時に善意であることについて無過失であったことを基礎づける評価根拠事実 ⓘⓥ　時効援用の意思表示

となる。ほかに、

ⓥ　Y名義の所有権移転登記の存在

が必要になる。

本問では、ⓘが①を、ⓘⓘが②を、ⓘⓘⓘが③を、ⓘⓥが④を、ⓥが⑤を示している。

3 〔設問２〕(3)

占有開始後の事情は、無過失の評価根拠事実とはならない。なぜなら、占有開始時に無過失であることを要する（時点要素）ので、その後の事情は、評価根拠事実とはならないからである（[基礎編] 94頁）。評価根拠（障害）事実は時点要素に注意が必要である。

〔図７〕　ブロックダイアグラム

〈請求原因１〉（贈与）

Y→X　H15.12.1 贈与

〈請求原因２〉（取得時効）

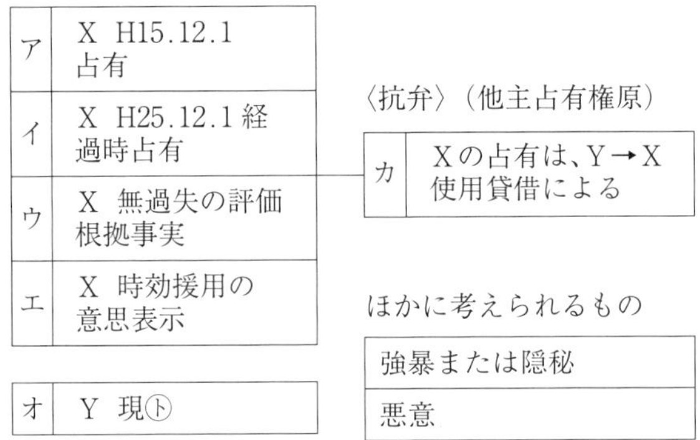

Ⅳ　抗弁～〔設問３〕

〔設問３〕について、請求原因から考えてみると、贈与契約については、否認しており、抗弁は登場しない。そうすると、取得時効に関する抗弁ということになる。取得時効は、〔設問２〕で検討したように、かなりの要件事実は抗弁に回る。本問では、Ｙの立場で主張すべき抗弁をその中から検討することになる。

前記①～⑦のうち抗弁になりそうなものをみると、①所有の意思がないこと、が問題であるとわかる。ほかに、②平穏、公然の反対事実（強暴、隠秘）や⑤善意の反対事実（悪意）も抗弁となるが、Ｙの言い分からは出てこない。

所有の意思がないことの抗弁としては、他主占有権原と他主占有事情があるが（[基礎編] 229頁）、Ｙは、「Ｘに対し甲土地を無償で貸した」と述べているので、他主占有権原を主張していることがわかる。

そこで、弁護士Ｑが主張すべき抗弁は、他主占有権原（その性質上所有の意思がないものとされる権原に基づいて占有を取得した事実）としての使用貸借契約、となる。

V　事実認定〜〔設問4〕

〔設問4〕で問題となっているのは尋問後の準備書面であるから、これまでの争点に対して自己の主張を述べるとともに、相手方の主張に対して反論することになる。具体的には、「Yは、Xに対し、平成15年12月1日、甲土地を贈与した」ことについて、Yの主張の正当性を明らかにしなければならない。

Yの側からの主張なので、Yの有利になると考えられる主張をするとともに、Xの主張に対して反論することになる。問題文には、「Xに有利な事実への反論をし、Yに有利な事実を力説して」とあり、Xに有利な事実への反論から書くかのような設問になっているが、実務上は、まず自己が取り得るべき根拠から記載するのが一般的である。請求原因についてのことなので、Yとしては、前記事実があったかについて真偽不明の状態にすれば足りるため、あえてそのような設例にしたのかもしれないが、あまり気にせず、とりあえず自己（Y）に有利な事情から記載し、その後にXに有利な事実への反論をすることにする。Yの立場で記載するので、真実はどうであるかではなく、Yに有利と考えられる事情を記載することになる。記載の順として、問題文に現れた順ではなく、重要と思われる事項から記載すべきである。

Yに有利な証拠とその根拠としては、

①　贈与の書類を作っていないこと

甲土地という重要な不動産であり、贈与がされたなら贈与契約書等の書類を作成するのが通常である。

②　YからXへの所有権移転をしていないこと

土地の所有権が移転すれば、遅滞なく移転登記をするのが通常であり、10年も所有権移転登記がされていないことは、所有権が移転していないことを物語っている。

③　贈与税の申告をしていないこと

これは強いものではないが、一応理由になる。

他方、Ｙに不利な証拠とそれに対する反論としては、

④　甲土地の登記済証（権利証）をＸに交付したこと

登記済証（権利証）は、旧建物を取り壊す際に、Ｘに保管を依頼したものにすぎない。

⑤　Ｘが、建築費用3000万円を預貯金から拠出したことや甲土地の固定資産税等を支払ってきたこと

ＹがＸに対し甲土地を相続させようと考えていたから、Ｘが支払っていたにすぎない。

なお、平成15年11月１日および同年12月１日のＹの発言内容（「『甲土地をお前に無償で貸す。いい建物を頼むぞ』と言ったのであって、『譲渡する』とは言っていません」、「『この土地はお前に貸してやる。お金はいらない』ということです」）があるが、Ｘはその逆を述べており、これだけではどちらが正しいかわからず、Ｙの主張の根拠としてあげることではないと思われる。

Ⅵ　弁護士倫理～〔設問５〕（［基礎編］385頁）

弁護士が依頼者の権利および正当な利益の実現（弁護士職務基本規程21条）を図るためには、まず、依頼者の意思を尊重することが前提となる（同規程22条１項）。依頼者の意思を尊重するには、依頼者の意思を把握することが不可欠であるが、年齢的な理由等により意思の表示が十分にできない依頼者の場合には、依頼者の意思を把握することに障害がある。ただし、そのような場合であっても、弁護士は依頼者の意思の把握に努めなければならないことは当然の責務である（同条２項）。

〔設問５〕では、依頼者であるＹの意思を確認することなく、Ａと打合せを行い、和解や送金もＡの指示に従っている。確かに、事件の詳細は息子であるＡのほうが詳しい場合もあり、弁護士ＱがＡと打合せをすることは差し支えないが、少なくとも訴訟の結果に影響を与えるような重要な事項については、依頼者に説明して、その判断に委ねるべきである。この観点からすると、和解するか否かの判断や和解内容については、本人であるＹの意思を確認すべきであり、それを怠ったのであるから、弁護士職務基本規程22条に反するといえる。また、和解金は、依頼者であるＹに返還しなければ

ならない（同規程45条）のであるから、Ｙに対し、返還先の照会をすべきであったといえる。

法務省公表の出題趣旨

設問１は、贈与契約に基づく所有権移転登記請求権を訴訟物とする訴訟において、原告代理人が作成すべき訴状における請求の趣旨及び請求を理由付ける事実について説明を求めるものであり、債権的登記請求権の特殊性に留意して説明することが求められる。

設問２は、所有権に基づく妨害排除請求権としての所有権移転登記請求の請求原因事実についての理解を問うものであり、短期取得時効（民法第162条第２項）の法律要件を同法第186条の規定に留意して説明することが求められる。

設問３は、使用貸借の主張が、いずれの請求原因に対し、いかなる抗弁となり得るかについて問うものである。

設問４は、贈与契約の成否という争点に関し、被告代理人が作成すべき準備書面において、当事者尋問の結果を踏まえ各供述をどのように取り上げるべきかについての概要の説明を求めるものであり、主要事実との関係で各供述の位置付けを分析し、重要な事実を拾って、検討・説明することが求められる。

設問５は、弁護士倫理の問題であり、弁護士職務基本規程の依頼者との関係における規律に留意しつつ、被告代理人の各行為の問題点を検討することが求められる。

【参考答案】

〔設問１〕

⑴　Ｙは、Ｘに対し、甲土地について、平成15年12月１日贈与を原因とする所有権移転登記手続をせよ。

⑵　この事実のみで足りる。なぜなら、訴訟物は、「贈与契約」に基づく所有権移転登記請求権であるから、請求原因事実としては、贈与契約の締結のみで足りるからである。（以上で足りると思われるが、もう少し書くべきであるという方は）つまり、物権的登記請求権であれば、Ｘ所有、Ｙ現占有が必要だが、契約に基づくものであるから、契約の成立のみを主張・立証すれば足りる。

〔設問２〕

⑴㋐　Ｘは、平成25年12月１日経過時、甲土地を占有していた。

㋑　甲土地について、Ｙ名義の所有権移転登記が存在する。

⑵　短期時効取得に基づく所有権移転登記請求が認められる実体法上の要件は、

Ⅰ所有の意思をもって、Ⅱ平穏かつ公然と、Ⅲ他人の物を、Ⅳ10年間占有し、Ⅴ占有開始時に善意、無過失（以上、民162条２項）、Ⅵ時効援用の意思表示（民145条）、ⅦＹ名義の所有権移転登記の存在、である。

このうち請求原因事実として必要なものをみると、民法186条１項により、占有者は、所有の意思をもって、平穏かつ公然と占有すると推定されるので、ⅠとⅡの事実は不要である。Ⅲについては、自己の物の時効取得も認められるので、そもそも要件ではない。Ⅳは、民法186条２項により、前後の両時点における占有の事実があれば、占有はその期間継続したものと推定されるので、占有開始時の占有とそれから10年経過時点の占有を主張・立証すれば足りる。Ⅴのうち、善意は推定される（民186条１項）が、無過失については推定規定はないので、主張・立証する必要がある。ⅥとⅦは主張・立証を要する。

以上からすると、請求原因事実として、ある時点で占有していたこと（①）、その時点から10年経過した時点で占有していたこと（②）、占有開始時に所有者と信じたことについて無過失であることを基礎づける評価根拠事実（③）、時効援用の意思表示（④）、Ｙ名義の所有権移転登記の存在（⑤）が必要であり、これで足りる。

⑶　Ｘの主張は、占有開始後の事情であり、無過失の評価根拠事実とはならない。なぜなら、短期時効取得をするためには、占有開始時に無過失であることを要する（時点要素）ので、その後の事情は、評価根拠事実にはならないからである。

〔設問３〕

取得時効の請求原因に対する抗弁として、他主占有権原（その性質上所有の意思がないものとされる権原に基づいて占有を取得した事実）としての使用貸借契約。

〔設問４〕

１　Ｙにとって有利な事実とその理由を述べる。

①　まず、贈与の書類を作っていないことがある。甲土地という重要な不動産であり、贈与がされたならば贈与契約書等の書類を作成するのが通常であることからすると、贈与の書類が作成されていないことは、贈与契約を否定する有力な事実となる。

②　次に、ＹからＸへの所有権移転登記手続をしていないことがある。土地の所有権が移転すれば、遅滞なく所有権移転登記をするのが通常であり、10年以上の期間、所有権移転登記がされていないことは、その事実がなかったことを示している。

③　さらに、贈与税の申告をしていないことがある。贈与であれば、贈与税の申告をするのが通常である。

2　次に、Ｙにとって不利な事実とそれに対する反論を述べる。

①　甲土地の登記済証（権利証）をＸに交付したことがある。しかし、これは、旧建物を取り壊す際に、Ｘに保管を依頼したものにすぎないといえる。

②　また、Ｘが建築費用3000万円をＸの預貯金から出したことや甲土地の固定資産税等の税金をＸが支払ってきたことがある。しかし、ＹはＸに対し将来甲土地を相続させようと考えていたから、Ｘがこれらの代金を拠出したといえるのであって、Ｘに贈与したことを裏付けるものではない。

3　以上のとおり、ＹがＸに対し甲土地を贈与した事実を認めることはできない。

〔設問５〕

弁護士が依頼者の権利および正当な利益の実現（弁護士職務基本規程21条）を図るためには、まず、依頼者の意思を尊重することが前提となる（同規程22条１項）。そのためには、依頼者の意思を把握することが不可欠であるが、年齢的な理由等により意思の表示が十分にできない場合にも、弁護士は依頼者の意思の把握に努めなければならない（同条２項）。

設問では、依頼者であるＹの意思を確認することなく、Ａと打合せを行い、和解や送金もＡの指示に従っている。確かに、事件の詳細は息子であるＡのほうが詳しい場合もあり、弁護士ＱがＡと打合せをすることは差し支えないが、少なくとも訴訟の結果に影響を与えるような重要な事項については、依頼者に説明して、その判断に委ねるべきである。この観点からすると、和解するか否かの判断や和解内容については、本人であるＹの意思を確認すべきであり、それを怠ったのであるから、弁護士職務基本規程22条に反するといえる。また、和解金は、依頼者であるＹに返還しなければならない（同規程45条）のであるから、Ｙに対し、返還先の照会をすべきであったといえる。

平成27年試験問題

司法試験予備試験用法文を適宜参照して、以下の各設問に答えなさい。

〔設問１〕

弁護士Ｐは、Ｘから次のような相談を受けた。

なお、別紙の不動産売買契約書「不動産の表示」記載の土地を以下「本件土地」といい、解答においても、「本件土地」の表記を使用してよい。

【Ｘの相談内容】

「私は、平成26年９月１日、Ｙが所有し、占有していた本件土地を、Ｙから、代金250万円で買い、同月30日限り、代金の支払と引き換えに、本件土地の所有権移転登記を行うことを合意しました。

この合意に至るまでの経緯についてお話しすると、私は、平成26年８月中旬頃、かねてからの知り合いであったＡからＹが所有する本件土地を買わないかと持ちかけられました。当初、私は代金額として200万円を提示し、Ｙの代理人であったＡは350万円を希望したのですが、同年９月１日のＡとの交渉の結果、代金額を250万円とする話がまとまったので、別紙のとおりの不動産売買契約書（以下「本件売買契約書」という。）を作成しました。Ａは、その交渉の際に、Ｙの記名右横に実印を押印済みの本件売買契約書を持参していましたが、本件売買契約書の金額欄と日付欄（別紙の斜体部分）は空欄でした。Ａは、その場で、交渉の結果を踏まえて、金額欄と日付欄に手書きで記入をし、その後で、私が自分の記名右横に実印を押印しました。

平成26年９月30日の朝、Ａが自宅を訪れ、登記関係書類は夕方までに交付するので、代金を先に支払ってほしいと懇願されました。私は、旧友であるＡを信用して、Ｙの代理人であるＡに対し、本件土地の売買代金額250万円全額を支払いました。ところが、Ａは登記関係書類を持ってこなかったので、何度か催促をしたのですが、そのうちに連絡が取れなくなってしまいました。そこで、私は、同年10月10日、改めてＹに対し、所有権移転登記を行うように求めましたが、Ｙはこれに応じませんでした。

このようなことから、私は、Ｙに対し、本件土地の所有権移転登記と引渡しを請求したいと考えています。」

上記【Ｘの相談内容】を前提に、弁護士Ｐは、平成27年１月20日、Ｘの訴訟代理人として、Ｙに対し、本件土地の売買契約に基づく所有権移転登記請求権及び引渡請求権を訴訟物として、本件土地の所有権移転登記及び引渡しを求める訴え（以下「本件訴訟」という。）を提起することにした。

弁護士Ｐは、本件訴訟の訴状（以下「本件訴状」という。）を作成し、その請求の原因欄に、次の①から④までのとおり記載した。なお、①から③までの記載は、請求を理由づける事実（民事訴訟規則第53条第１項）として必要かつ十分であることを前提として考えてよい。

①　Ａは、平成26年９月１日、Ｘに対し、本件土地を代金250万円で売った（以下「本件売買契約」という。）。

②　Ａは、本件売買契約の際、Ｙのためにすることを示した。

③　Ｙは、本件売買契約に先立って、Ａに対し、本件売買契約締結に係る代理権を授与した。

④　よって、Ｘは、Ｙに対し、本件売買契約に基づき、（以下記載省略）を求める。

以上を前提に、以下の各問いに答えなさい。

(1)　本件訴状における請求の趣旨（民事訴訟法第133条第２項第２号）を記載しなさい（付随的申立てを記載する必要はない。）。

(2)　弁護士Ｐが、本件訴状の請求を理由づける事実として、上記①から③までのとおり記載したのはなぜか、理由を答えなさい。

〔設問２〕

弁護士Ｑは、本件訴状の送達を受けたＹから次のような相談を受けた。

【Ｙの相談内容】

Ⅰ「私は、Ａに対し、私が所有し、占有している本件土地の売買に関する交渉を任せましたが、当初希望していた代金額は350万円であり、Ｘの希望額である200万円とは隔たりがありました。その後、Ａから交渉の経過を聞いたところ、Xは代金額を上げてくれそうだということでした。そこで、私は、Aに対し、280万円以上であれば本件土地を売却してよいと依頼しました。しかし、私が、平成26年9月1日までに、Aに対して本件土地を250万円で売却することを承諾したことはありません。ですから、Xが主張している本件売買契約は、Aの無権代理行為によるものであって、私が本件売買契約に基づく責任を負うことはないと思います。」

Ⅱ 「Xは、平成26年10月10日に本件売買契約に基づいて、代金250万円を支払ったので、所有権移転登記を行うように求めてきました。しかし、私は、Xから本件土地の売買代金の支払を受けていません。そこで、私は、念のため、Xに対し、同年11月1日到着の書面で、1週間以内にXの主張する本件売買契約の代金全額を支払うように催促した上で、同月15日到着の書面で、本件売買契約を解除すると通知しました。ですから、私が本件売買契約に基づく責任を負うことはないと思います。」

上記【Yの相談内容】を前提に、弁護士Qは、本件訴訟における答弁書（以下「本件答弁書」という。）を作成した。

以上を前提に、以下の各問いに答えなさい。なお、各問いにおいて抗弁に該当する具体的事実を記載する必要はない。

(1) 弁護士Qが前記Ⅰの事実を主張した場合、裁判所は、その事実のみをもって、本件訴訟における抗弁として扱うべきか否かについて、結論と理由を述べなさい。

(2) 弁護士Qが前記Ⅱの事実を主張した場合、裁判所は、その事実のみをもって、本件訴訟における抗弁として扱うべきか否かについて、結論と理由を述べなさい。

〔設問3〕

本件訴訟の第1回口頭弁論期日において、本件訴状と本件答弁書が陳述された。また、その口頭弁論期日において、弁護士Pは、XとAが作成した文書として本件売買契約書を書証として提出し、これが取り調べられたところ、弁護士Qは、本件売買契約書の成立を認める旨を陳述し、その旨の陳述が口頭弁論調書に記載された。

そして、本件訴訟の弁論準備手続が行われた後、第2回口頭弁論期日において、本人尋問が実施され、Xは、【Xの供述内容】のとおり、Yは、【Yの供述内容】のとおり、それぞれ供述した（Aの証人尋問は実施されていない。）。

その後、弁護士Pと弁護士Qは、本件訴訟の第3回口頭弁論期日までに、準備書面を提出することになった。

【Xの供述内容】

「私は、本件売買契約に関する交渉を始めた際に、Aから、Aが本件土地の売買に関するすべてをYから任されていると聞きました。また、Aから、それ以前にも、Yの土地取引の代理人となったことがあったと聞きました。ただし、Aから代理人であるという委任状を見せられたことはありません。

当初、私は代金額として200万円を提示し、Yの代理人であったAは350万円を希望しており、双方の希望額には隔たりがありました。その後、Aは、Yの希望額を300万円に引き下げると伝えてきたので、私は、250万円でないと資金繰りが困難であると返答しました。私とAは、平成26年9月1日に交渉したところ、Aは、何とか280万円にしてほしいと要求してきました。しかし、私が、それでは購入を諦めると述べたところ、最終的には、本件土地の代金額を250万円とする話がまとまりました。

Aは、その交渉の際に、Yの記名右横に実印を押印済みの本件売買契約書を持参していましたが、本件売買契約書の金額欄と日付欄（別紙の斜体部分）は空欄でした。Aは、Yが実印を押印したのは250万円で本件土地を売却することを承諾した証であると述べていたので、Aが委任状を提示していないことを気にすることはありませんでした。そして、Aは、その場で、金額欄と日付欄に手書きで記入をし、その後で、私が自分の記名右横に実印を押印しました。」

【Yの供述内容】

「私は、Aに本件土地の売買に関する交渉を任せましたが、当初希望していた代金額は350万円であり、Xの希望額である200万円とは隔たりがありました。私は、それ以前に、Aを私の所有する土地取引の代理人としたことがありましたが、その際はAを代理人に選任する旨の委任状を作成していました。しかし、本件売買契約については、そのような委任状を作成したことはありません。

その後、私が希望額を300万円に値下げしたところ、Aから、Xは代金額を増額してくれそうだと聞きました。たしか、250万円を希望しており、資金繰りの関係で、それ以上の増額は難しいという話でした。

そこで、私は、Aに対し、280万円以上であれば本件土地を売却してよいと依頼しました。しかし、私が、本件土地を250万円で売却することを承諾したことは一度もありません。

Aから、平成26年9月1日よりも前に、完成前の本件売買契約書を見せられましたが、金額欄と日付欄は空欄であり、売主欄と買主欄の押印はいずれもありませんでした。本件売買契約書の売主欄には私の実印が押印されていることは認めますが、私が押印したものではありません。私は、実印を自宅の鍵付きの金庫に保管しており、Aが持ち出すことは不可能です。ただ、同年8月頃、別の取引のために実印をAに預けたことがあったので、その際に、Aが勝手に本件売買契約書に押印したに違いありません。もっとも、その別の取引は、交渉が決裂してしまったので、その取引に関する契約書を裁判所に提出することはできません。Aは、現在行方不明になっており、連絡が付きません。」

以上を前提に、以下の各問いに答えなさい。

(1) 裁判所が、本件売買契約書をAが作成したと認めることができるか否かについて、結論と理由を記載しなさい。

(2) 弁護士Pは、第3回口頭弁論期日までに提出予定の準備書面において、前記【Xの供述内容】及び【Yの供述内容】と同内容のXYの本人尋問における供述、並びに本件売買契約書に基づいて、次の【事実】が認められると主張したいと考えている。弁護士Pが、上記準備書面に記載すべき内容を答案用紙1頁程度の分量で記載しなさい（なお、解答において、**〔設問2〕**の【Yの相談内容】については考慮しないこと。)。

【事実】

「Yが、Aに対し、平成26年9月1日までに、本件土地を250万円で売却することを承諾した事実」

〔設問4〕

弁護士Pは、訴え提起前の平成26年12月1日、Xに相談することなく、Yに対し、差出人を「弁護士P」とする要旨以下の内容の「通知書」と題する文書を、内容証明郵便により、Yが勤務するZ社に対し、送付した。

通知書

平成26年12月1日

被通知人Y

弁護士P

当職は、Ｘ（以下「通知人」という。）の依頼を受けて、以下のとおり通知する。

通知人は、平成26年９月１日、貴殿の代理人であるＡを通じて、本件土地を代金250万円で買い受け、同月30日、Ａに対し、売買代金250万円全額を支払い、同年10月10日、貴殿に対し、本件土地の所有権移転登記を求めた。

ところが、貴殿は、「売買代金を受領していない。」などと虚偽の弁解をして、不当に移転登記を拒否している。その不遜極まりない態度は到底許されるものではなく、貴殿はＡと共謀して上記代金をだまし取ったとも考えられる。

以上より、当職は、本書面において、改めて本件土地の所有権移転登記に応ずるよう要求する。

なお、貴殿が上記要求に応じない場合は、貴殿に対し、所有権移転登記請求訴訟を提起するとともに、刑事告訴を行う所存である。

以　上

以上を前提に、以下の問いに答えなさい。

弁護士Ｐの行為は弁護士倫理上どのような問題があるか、司法試験予備試験用法文中の弁護士職務基本規程を適宜参照して答えなさい。

別紙

（注）　斜体部分は手書きである。

不動産売買契約書

売主Ｙと買主Ｘは、後記不動産の表示記載のとおりの土地（本件土地）に関して、下記条項のとおり、売買契約を締結した。

記

第１条　　Ｙは本件土地をＸに売り渡し、Ｘはこれを買い受けることとする。

第２条　　本件土地の売買代金額は　*250*　万円とする。

第３条　　Ｘは、平成　*26*　年　*9*　月　*30*　日限り、Ｙに対し、本件土地の所有権移転登記と引き換えに、売買代金全額を支払う。

第４条　　Ｙは、平成　*26*　年　*9*　月　*30*　日限り、Ｘに対し、売買代金全額の支払と引き換えに、本件土地の所有権移転登記を行う。

（以下記載省略）

以上のとおり契約を締結したので、本契約書を弐通作成の上、後の証として YX が各壱通を所持する。

平成 *26* 年 *9* 月 *1* 日

売　主　住 所　○○県○○市○○
　　　　氏 名　Y　Y印
買　主　住 所　○○県○○市○○
　　　　氏 名　X　X印

不動産の表示
所　在　○○市○○
地　番　○○番
地　目　宅地
地　積　○○○. ○○㎡

[関係図]

㊦㊤
Y ──────→ X
（A代理人）

H26.9.1
250万 本件土地売買
（H26.9.30 支払予定）

解　説

I　訴訟物～〔設問 1 〕(1)

1 訴訟物

訴訟物は、問題文に明示されている。売買契約に基づく所有権移転登記請求権および引渡請求権である。2つあることになる。

2 請求の趣旨～〔設問 1 〕(1)

登記が関係すると、請求の趣旨はややこしい。抹消登記の場合には、その登記を抹消するだけであるから、「Y は、別紙登記目録記載の所有権移転登記を抹消せよ」などと記載する。抹消の結果、その前の登記に戻るのであるから、「誰に対し」というのは不要である。

これに対し、移転登記の場合には、誰に対して登記をするのかがわからないと登記できないので、「X（登記権利者）に対し」が必要である。また、登記原因も登記事項になっている（不登59条３号）。細かい話だが、登記は法務局の登記官がするので、「～登記をせよ」ではなく、「～登記手続をせよ」となる。

引渡請求は、通常どおりである。

この結果、〔設問１〕⑴で記載すべき請求の趣旨は次の２つとなる。

「Yは、Xに対し、本件土地について、平成26年９月１日売買を原因とする所有権移転登記手続をせよ。」

「Yは、Xに対し、本件土地を引き渡せ。」

Ⅱ　請求原因～〔設問１〕⑵

代理行為の要件事実（民99条）は、

㋐　代理人と相手方の間の法律行為
㋑　代理人による顕名
㋒　㋐に先立ち本人が代理人に㋐の代理権を授与したこと

である（［基礎編］99頁）。〔設問１〕⑵では、①が㋐に、②が㋑に、③が㋒に相当し、これらの事実が必要になる。

Ⅲ　抗弁～〔設問２〕

〔設問２〕は、「その事実のみをもって」、「抗弁として扱うべきか」という問題である。「その事実のみ」というのは、ⅠまたはⅡの事実のみで抗弁となるか、という趣旨である。

1　〔設問２〕⑴

〔設問２〕⑴は、Yは、Aに対し280万円以上であれば本件土地を売却すると依頼していたが、Aは250万円で売ったという場合である。Yは、無権代理を主張しているが、㋒の事実（先立つ代理権の授与。250万円で本件土地を売却するという代理権）を否認しているにすぎない。仮に、表見代理（民110条）が成立するかという問題として考えても、要件事実としては、前記㋒の代理権授与行為に代わるものとして、㋒－１相手方（X）が代理人（A）に250万円で売却する代理権があると信じたこと、㋒－２そう信じたことについて正当理由があること、㋒－３基本代理権の発生原因事実、ということになるが、いずれにせよ、請求原因に関することであり、抗弁ではない。

2｜〔設問２〕(2)

〔設問２〕(2)で前提とするⅡは、Ⅰとは別の主張である。

要件事実を整理すると、Yは、抗弁として、Xが本件売買契約の代金を支払わないので、債務不履行を理由として本件売買契約を解除した旨の主張をしている。売買契約の解除の要件事実は、

①	催告
②	催告後相当期間の経過
③	相当期間経過後の解除の意思表示
④	催告に先立つ反対給付の履行の提供または先履行の合意

である（民541条、533条。［基礎編］131頁）。

①は平成26年11月１日到達の書面で行っている。②は相当期間の経過であ

〔図８〕　ブロックダイアグラム

〈請求原因〉

ア	A→X　H26.9.1 売買
イ	A　顕名
ウ	Y→A 代理権授与

〈抗弁〉
（債務不履行解除）

カ	Y→X H26.11.1 催告	
キ	相当期間経過	
ク	Y→X　H26.11.15 解除の意思表示	
ケ	Y→X　反対給付の履行の提供 or 先履行の合意	（？）

り、本問ではそれを満たしている。③は同月15日到達の書面により解除の意思表示をしている。④は、反対給付の履行の提供（売買契約に基づく所有権移転登記と引渡し）または先履行の合意であるが、これらについての主張がない。したがって、抗弁として扱うことはできない。

Ⅳ　事実認定～〔設問３〕

1　〔設問３〕(1)

〔設問３〕(1)は、Ｙの記名押印のある文書をＡが作成したと認めることができるかという問題である。これは、いかなることを書くのか迷う。１つは、本件売買契約書上は、Ｙ名義で作成されているが、これをＡが作成したと認めてよいかという問題と理解し（Ｙ作成の文書とＹ名義作成の文書の違いについては、［基礎編］334頁参照）、一般論を重視する問題とみる。もう１つは、Ｙ名義の文書でもＡが作成することは当然あり得るという前提で、本件売買契約書をＡが作成したといえるか、という具体論の問題とみる。

一般論を重視するなら、いわゆる署名代理（［基礎編］349頁）が認められることを記載することになるし、具体論を重視するなら、ＸとＹはＡ作成を認めており、各供述内容からしても、本件売買契約書をＡが作成したと認められることを記載することになると考えられる。

「出題趣旨」を見ると、前者の出題のようであるが、出題するにあたり、何を記載すべきかを迷うような問題は避けるべきであると思う。

2　〔設問３〕(2)

ＸとＹの供述内容をみると当初売買代金額が食い違っており、９月１日には280万円までは一致しているが、その後について、Ｘは、「購入を諦めると述べたところ、最終的に250万円でまとまった」と述べるのに対し、Ｙはそれを否定している。

問題文を読むと、「【Ｘの供述内容】及び【Ｙの供述内容】と同内容のＸＹの本人尋問における供述、並びに本件売買契約書に基づいて」とある。

Ｘの供述、Ｙの供述、本件売買契約書のうちどれが重要かとなると、当然ながら、本件売買契約書であり、それを軸に考えていくことになる。最も重要な点は、売主欄のＹの実印をＹが押したのかＡが押したかのということである。Ｘ代理人の立場で答えることになる。

Ｙは実印を自宅の鍵付きの金庫に保管しており、Ａが持ち出すことは不可能である。このことはＹも認めている。

Ｙは、「別の取引のために実印をＡに預けたことがあり、その際にＡが勝手に押印したに違いない。別の取引に関する契約書は、交渉が決裂し、裁判所に提出できない」と供述する。しかし、別の取引については、それがあったことを証する証拠は何も提出されていない。また、交渉が決裂したために裁判所に提出できないとは考えがたく、そのような別の取引はなかったものと考えることができる。

そうすると、Ｙは、金額欄と日付欄が白紙の本件売買契約書の売主欄に、自ら記名押印したうえで、その売買契約書をＡに交付したものと考えることができる。そして、このような金額欄白地の売買契約書をＹがＡに交付するということは、金額欄は、ＸとＡが交渉したうえで、決めることを前提としているといえる。

最終的に９月１日に250万円で合意したかについては、ＸとＹの供述は食い違っているが、上記のとおり、金額欄白地の本件売買契約書を代理人であるＡに交付している以上、ＹがＡに対し本件土地を250万円で売却することを承諾したといえる。

V　弁護士倫理～〔設問４〕

〔設問４〕では、弁護士Ｐの行為について、いくつか問題がある。内容証明郵便につき、①Ｘに相談することなく出している点、②Ｙの勤務先であるＺ社に出している点、また、③通知した書面の内容において、「不遜極まりない態度」、「Ａと共謀して上記代金をだまし取ったとも考えられる」、「刑事告訴を行う」と記載している点である。

①については、弁護士職務基本規程において、依頼者の意思を尊重して職務を行う（同規程22条１項）、依頼者と協議しながら事件の処理を進めなければならない（同規程36条）とされており、Ｘに相談することなく内容証明郵

便を出した行為は、これらに反するといえる。②については、Ｙの住所がわからないという事情があれば、Ｙの勤務先であるＺ社に送達することもあり得るが（裁判所の送達につき民訴103条２項参照）、そうした事情も定かではなく、いきなり就業場所に送達するのは相当でない。もともと本件はＹの勤務先とは何の関係もなく、まずはＹの住所宛に送達すべきである。③については、Ｘの相談内容は、代理人であるＡと交渉しており、Ｙとは直接交渉していなかったのであるから、Ｙのかかわりの程度も定かではないのに、「Ａと共謀して上記代金をだまし取ったとも考えられる」など、不穏当な表現を用いてＹを批判しており、明らかに相当でない。

法務省公表の出題趣旨

設問１は、売買契約に基づく所有権移転登記請求権及び土地引渡請求権を訴訟物とする訴訟において、原告代理人が作成すべき訴状における請求の趣旨及び請求を理由づける事実について説明を求めるものであり、債権的請求権及び代理の特殊性に留意して説明することが求められる。

設問２は、被告本人の相談内容に基づく被告代理人の各主張に関し、裁判所が本件訴訟における抗弁として扱うべきか否かについて結論とその理由を問うものであり、無権代理の主張の位置づけや解除の主張と同時履行の抗弁権の関係に留意して説明することが求められる。

設問３は、当事者本人尋問の結果を踏まえ、代理人が署名代理の方法により文書を作成した場合における文書の成立の真正や代理権の授与に関して準備書面に記載すべき事項について問うものである。

設問４は、弁護士倫理の問題であり、原告代理人が依頼者に相談することなく、相手方本人の就業先に不適切な内容の文書を送付した行為の問題点について、弁護士職務基本規程の規律に留意しつつ検討することが求められる。

【参考答案】

〔設問１〕

⑴　Ｙは、Ｘに対し、本件土地について、平成26年９月１日売買を原因とする所有権移転登記手続をせよ。

Ｙは、Ｘに対し、本件土地を引き渡せ。

⑵　本件売買契約は代理によって行われている。代理は民法99条に規定されている。同条によると、代理の要件事実は、㋐代理人と相手方の間の法律行為、

④代理人による顕名、⑨本人が⑦に先立ち代理人に⑦の代理権を授与したことである。本問では、①が⑦に、②が④に、③が⑨に相当し、これらの事実で必要かつ十分である。

〔設問２〕

⑴　抗弁として扱うべきではない。Ｙは、代理人であるＡに対し280万円以上であれば本件土地を売却すると依頼していたが、ＡがＸに対し250万円で売ったという場合である。Ｙは、無権代理を主張しているが、250万円で売却する代理権を授与していないという主張であるから、請求原因である「先立つ代理権の授与」を否認しているにすぎず、抗弁ではない。

⑵　抗弁として扱うべきではない。Ｙは、Ｘが本件売買契約の代金を支払わないので、本件売買契約を解除した旨の主張をしている。売買契約の解除の要件事実は、①催告、②催告後相当期間の経過、③相当期間経過後の解除の意思表示、④催告に先立つ反対給付の履行の提供または先履行の合意（民541条、533条）である。

このうち、①～③の主張はあるが、④については、反対給付の履行の提供（本件売買契約に基づく所有権移転登記と引渡し）も先履行の合意の主張もない。したがって、抗弁として扱うことはできない。

〔設問３〕

⑴　Ａが作成したと認めることができる。

本問は、Ｙの記名押印のある文書をＡが作成したと認めることができるかという問題であり、いわゆる署名代理といわれるものである。本件売買契約書にはＹの記名押印しかない。本来であれば、代理人であるＡが、本人Ｙの代理人であることを示すために、「Ｙ代理人Ａ」と記載するところであるが、直接Ｙの名で記名押印することにより、「代理人Ａ」の記載を省略したと考えることができる。したがって、本件売買契約書は、Ａが作成したものということができる。

⑵　本件売買契約書には売買代金額につき250万円と明記され、Ａが本件売買契約書を作成したと認められるが、そのことにつきＹの承諾があったといえるかが問題となる。

この点につき、Ｙは、「別の取引のために実印をＡに預けたことがあり、その際にＡが勝手に押印したに違いない。別の取引に関する契約書は、交渉が決裂し、裁判所に提出できない」旨供述する。しかし、別の取引については、その話があったことを示す証拠は何も提出されていない。また、交渉が決裂したために裁判所に提出できないとは考えがたく、そのような別の取引はなかったものと考えるのが相当である。

そうすると、Ｙは、金額欄が白地の本件売買契約書に押印したうえで、それをＡに交付したものと認めることができる。そして、このような売買契約書をＹがＡに交付するということは、金額はＸとＡが交渉したうえで決める代理権を授与したのものといえる。

最終的に９月１日に250万円で合意したかについては、ＸとＹの供述は食い違っているが、上記のとおり、Ｙは金額欄白地の本件売買契約書に押印したうえで、それを代理人であるＡに交付している以上、Ａに金額を決める代理権を授与したと認めることができ、ＹがＡに対し本件土地を250万円で売却することを承諾したといえる。

〔設問４〕

問題点としては、①Ｘに相談することなく、通知書（内容証明郵便）を出している点、②Ｙの勤務先であるＺ社に通知書を出している点、③通知書の内容が「不遜極まりない態度」、「Ａと共謀して上記代金をだまし取ったとも考えられる」、「刑事告訴を行う」などと記載している点が挙げられる。

①については、弁護士職務基本規程において、依頼者の意思を尊重して職務を行い（22条１項）、依頼者と協議しながら事件の処理を進めなければならない（36条）と定められているにもかかわらず、Ｘに相談することなく内容証明郵便を出した行為は、これらに反するといえる。②については、Ｙの住所が分からないという事情があれば、Ｙの勤務先であるＺ社に送達することもあり得るが、そうした事情も定かではなく、いきなり就業場所に送るのは明らかに相当でない。③については、Ｘの相談内容は、代理人であるＡと交渉し、Ｙとは直接交渉していなかったのであるから、Ｙの関わりの程度も定かではないのに、「Ａと共謀して上記代金をだまし取ったとも考えられる」など、不穏当な表現を用いてＹを批判しており、明らかに相当でない。

平成28年試験問題

これまでは、法曹倫理から5年連続で出題されていたが、本年は、民事保全の問題となっている。聞かれていることは基本的なことだが、民事保全の勉強をしていない人は、驚いたことと思う。民事保全・執行の基本的なことは、理解しておく必要がある（[基礎編] 354頁〜371頁参照）。

司法試験予備試験用法文を適宜参照して、以下の各設問に答えなさい。

〔設問１〕

弁護士Ｐは、Ｘから次のような相談を受けた。

【Ｘの相談内容】

「私は、自宅を建築するために、平成27年６月１日、甲土地の所有者であったＡから、売買代金1000万円で甲土地を買い受け（以下「本件第１売買契約」という。）、同月30日に売買代金を支払い、売買代金の支払と引換えに私宛てに所有権移転登記をすることを合意しました。

私は、平成27年６月30日、売買代金1000万円を持参してＡと会い、Ａに対して甲土地の所有権移転登記を求めましたが、Ａから、登記識別情報通知書を紛失したので、もうしばらく所有権移転登記を待ってほしい、事業資金が必要で、必ず登記をするので先にお金を払ってほしいと懇願されました。Ａは、大学時代の先輩で、私の結婚に際し仲人をしてくれるなど、長年お世話になっていたので、Ａの言うことを信じ、登記識別情報通知書が見つかり次第、所有権移転登記をすることを確約してもらい、代金を支払いました。しかし、その後、Ａからの連絡はありませんでした。

ところが、平成27年８月上旬頃から、Ｙが私に無断で甲土地全体を占有し始め、現在も占有しています。

私は、平成27年９月１日、Ｙが甲土地を占有していることを確認した上で、Ｙに対してすぐに甲土地を明け渡すよう求めました。これに対して、Ｙは、Ａが甲土地の所有者であったこと、自分が甲土地を占有していることは認めましたが、Ａから甲土地を買い受けて所有権移転登記を経由したので、自分が甲土地の所有者であるとして、甲土地の明渡しを拒否し、私に対して甲土地の買取りを求めてきました。

甲土地の所有者は私ですので、Ｙに対し、甲土地について、所有権移転登記と明渡しを求めたいと考えています。」

弁護士Ｐは、【Ｘの相談内容】を受けて甲土地の登記事項証明書を取り寄せたところ、平成27年８月１日付け売買を原因とするＡからＹへの所有権移転登記（詳細省略）がされていることが判明した。弁護士Ｐは、【Ｘの相談内容】を前提に、Ｘの訴訟代理人として、Ｙに対し、所有権に基づく妨害排除請求権としての所有権移転登記請求権及び所有権に基づく返還請求権としての土地明渡請求権を訴訟物として、甲土地について所有権移転登記及び甲土地の明渡しを求める訴訟（以下「本件訴訟」という。）を提起することにした。

以上を前提に、以下の問いに答えなさい。

⑴　弁護士Ｐは、本件訴訟に先立って、Ｙに対し、甲土地の登記名義の変更、新たな権利の設定及び甲土地の占有移転などの行為に備え、事前に講じておくべき法的手段を検討することとした。弁護士Ｐが採るべき法的手段を２つ挙げ、そのように考えた理由について、それらの法的手段を講じない場合に生じる問題にも言及しながら説明しなさい。

⑵　弁護士Ｐが、本件訴訟の訴状（以下「本件訴状」という。）において記載すべき請求の趣旨（民事訴訟法第133条第２項第２号）を記載しなさい（附帯請求及び付随的申立てを考慮する必要はない。）。

⑶　弁護士Ｐは、本件訴状において、甲土地の明渡請求を理由づける事実（民事訴訟規則第53条第１項）として、次の各事実を主張した。

ア　Ａは、平成27年６月１日当時、甲土地を所有していた。

イ　〔　　　　　　　　　　　　　　　　　　　　　　　　　　　　　　〕

ウ　〔　　　　　　　　　　　　　　　　　　　　　　　　　　　　　　〕

上記イ及びウに入る具体的事実を、それぞれ答えなさい。

〔設問2〕

弁護士Qは、本件訴状の送達を受けたYから次のような相談を受けた。

【Yの相談内容】

「Aは、私の知人です。Aは、平成27年7月上旬頃、事業資金が必要なので甲土地を500万円で買わないかと私に持ちかけてきました。私は、同年8月1日、Aから甲土地を代金500万円で買い受け（以下「本件第2売買契約」という。)、売買代金を支払って所有権移転登記を経由し、甲土地を資材置場として使用しています。したがって、甲土地の所有者は私です。」

上記【Yの相談内容】を前提に、以下の問いに答えなさい。

弁護士Qは、本件訴訟における答弁書（以下「本件答弁書」という。）を作成するに当たり、抗弁となり得る法的主張を検討した。弁護士QがYの訴訟代理人として主張すべき抗弁の内容（当該抗弁を構成する具体的事実を記載する必要はない。）を述べるとともに、それが抗弁となる理由について説明しなさい。

〔設問3〕

本件答弁書を受け取った弁護士Pは、Xに事実関係を確認した。Xの相談内容は以下のとおりである。

【Xの相談内容】

「Yは、既に甲土地について所有権移転登記を経由しており、自分が甲土地の所有者であるとして、平成27年9月1日、甲土地を2000万円で買い取るよう求めてきました。Yは、事情を知りながら、甲土地を私に高値で買い取らせる目的で、本件第2売買契約をして所有権移転登記をしたことに間違いありません。このようなYが甲土地の所有権を取得したことを認めることはできません。」

上記【Xの相談内容】を前提に、弁護士Pは、再抗弁として、以下の事実を記載した準備書面を作成して提出した。

エ〔　　　　　　　　　　　　　　　　　　　　　　　　　　　　〕

オ　Yは、本件第2売買契約の際、Xに対して甲土地を高値で買い取らせる目的を有していた。

以上を前提に、以下の問いに答えなさい。

上記エに入る具体的事実を答え、そのように考えた理由を説明しなさい。

〔**設問４**〕

第１回口頭弁論期日において、本件訴状と本件答弁書が陳述され、第１回弁論準備手続期日において、弁護士Ｐ及び弁護士Ｑがそれぞれ作成した準備書面が提出され、弁護士Ｑは、〔**設問３**〕のエ及びオの各事実を否認し、弁護士Ｐは、以下の念書（斜体部分は全て手書きである。以下「本件念書」という。）を提出し、証拠として取り調べられた。なお、弁護士Ｑは、本件念書の成立の真正を認めた。

その後、２回の弁論準備手続期日を経た後、第２回口頭弁論期日において、本人尋問が実施され、Ｘは、下記【Ｘの供述内容】のとおり、Ｙは、下記【Ｙの供述内容】のとおり、それぞれ供述した（なお、Ａの証人尋問は実施されていない。）。

念書

Ａ殿

今般、貴殿より甲土地を買い受けましたが、売却して利益が生じたときにはその３割を謝礼としてお渡しします。

平成27年８月１日

Ｙ　　Ｙ印

【Ｘの供述内容】

「Ｙは、建築業者で、今でも甲土地を占有し、資材置場として使用しているようですが、置かれている資材は大した分量ではなく、それ以外に運搬用のトラックが２台止まっているにすぎません。

不動産業者に確認したところ、平成27年７月当時の甲土地の時価は、1000万円程度とのことでした。

私は、平成27年９月１日、Ｙ宅を訪れて、甲土地の明渡しを求めたところ、Ｙはこれを拒絶して、逆に私に2000万円で甲土地を買い取るよう求めてきましたが、私は納得できませんでしたので、その場でＹの要求を拒絶しました。

その後、私は、Ａに対し、Ｙとのやりとりを説明して、Ａが本件第２売買契約をして、甲土地をＹに引き渡したことについて苦情を述べました。すると、Ａは、私に対して謝罪し、『事業資金が必要だったので、やむなくＹに甲土地を売却してしまった。その際、既にＸに甲土地を売却していることをＹに対して説明したが、Ｙはそれでも構わないと言っていた。Ｙから、代金500万円は安いが、甲土地を高く売却できたら謝礼をあげると言われたので、Ｙ

にその内容の書面を作成してもらった。』と事情を説明して、私に本件念書を渡してくれました。ただ、それ以降、Aとは連絡が取れなくなりました。」

【Yの供述内容】

「私は、建築業者で、現在、甲土地を資材置場として使用しています。本件第2売買契約に際して不動産業者に確認したところ、当時の甲土地の時価は、1000万円程度とのことでした。

私は、平成27年9月1日、Xが自宅を訪れた際、甲土地を2000万円で買い取るよう求めたことはありません。Xと話し合って、Xが希望する価格で買い取ってもらえればと思って話をしただけで、例えば2000万円くらいではどうかと話したことはありますが、最終的にXとの間で折り合いがつきませんでした。

Aは、本件第2売買契約をした時、甲土地を高く転売できたときには謝礼がほしいと言うので、本件念書を作成してAに渡しました。その際、AがXに甲土地を売却していたという話は聞いていません。」

以上を前提に、以下の問いに答えなさい。

弁護士Pは、本件訴訟の第3回口頭弁論期日までに、準備書面を提出することを予定している。その準備書面において、弁護士Pは、前記【Xの供述内容】及び【Yの供述内容】と同内容のXYの本人尋問における供述並びに本件念書に基づいて、**〔設問3〕**の再抗弁について、オの事実（「Yは、本件第2売買契約の際、Xに対して甲土地を高値で買い取らせる目的を有していた。」）が認められること（Yに有利な事実に対する反論も含む。）を中心に、**〔設問3〕**の再抗弁についての主張を展開したいと考えている。弁護士Pにおいて、上記準備書面に記載すべき内容を答案用紙1頁程度の分量で記載しなさい。

[関係図]

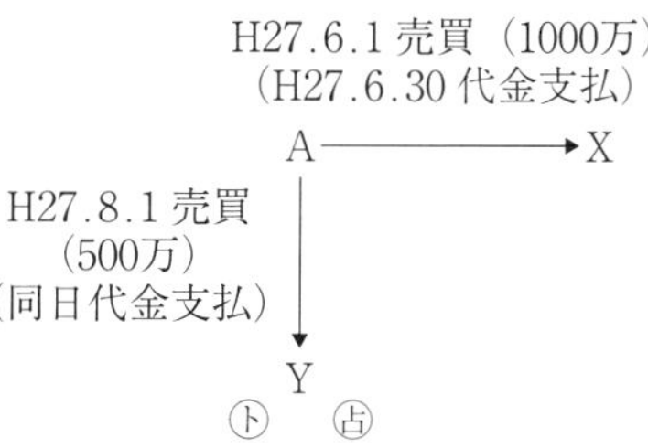

解　説

民事保全は、訴え提起前に問題となるので、〔設問１〕の⑴で登場している。

Ⅰ　民事保全～〔設問１〕⑴

訴訟物が「所有権に基づく妨害排除請求権としての所有権移転登記請求権」と「所有権に基づく返還請求権としての土地明渡請求権」であることは、明示されている。

これらに対応してとり得る保全処分は、決まってくる。

〔設問１〕⑴では、金銭債権以外の債権を保全するためであり、係争物に関する仮処分のうち、代表的な２つである、①処分禁止の仮処分（民保23条１項、53条１項）、②占有移転禁止の仮処分（同法23条１項、25条の２第１項）を問うている（民事保全を勉強しておくと難しいことではないが、勉強していないと全くわからないという問題である）。

所有権移転登記を求めて、現に所有権登記のあるＹを相手に訴えても、口頭弁論終結前に登記が第三者に移転すると、第三者には判決の効力は及ばず（民訴115条１項参照）、あらためてその第三者を相手方として訴えを起こす必要がある。そこで、それを避けるために、処分禁止の仮処分をしておくと、登記が第三者に移転しても、仮処分に遅れる登記であるので、債権者（Ｘ）に対抗できないこととなる（民保58条１項）。したがって、甲土地が第三者に移転する場合に備えて、処分禁止の仮処分をしておく必要がある。

また、甲土地の明渡請求権を保全するためには、占有移転禁止の仮処分の申立てをすべきである。口頭弁論終結前に甲土地が第三者に売却されるなどして占有が移転した場合、第三者には判決の効力は及ばず、あらためてその第三者を相手方として訴えを起こす必要がある。そこで、それを避けるために、占有移転禁止の仮処分をしておくと、占有が第三者に移転しても、仮処分に遅れる占有移転であるので、債権者（Ｘ）に対抗できないこととなる（民保62条１項）。したがって、甲土地が第三者に移転する場合に備えて、占有移転禁止の仮処分をしておく必要がある。

Ⅱ　訴訟物～〔設問１〕(2)

〔設問１〕(2)は、請求の趣旨を問う問題である。訴訟物は、「所有権に基づく妨害排除請求権としての所有権移転登記請求権」と「所有権に基づく返還請求権としての土地明渡請求権」であり、請求の趣旨は２つになる。

所有権に基づく妨害排除請求権としての所有権移転登記請求権については、Y→X の所有権移転登記を求めるものである。本来、登記は、第三者が登記から移転関係を調べることを考えると、所有権が移転していないのに移転登記がされている場合には、その抹消を求めるのが望ましい。しかし、本件がそうであるように、抹消登記（A→Y の抹消）と移転登記（A→X）を求めることは時間を要すること、物権変動があった場合には迅速に登記がされることが望ましいことから、「真正な登記名義の回復」を登記原因とする抹消に代わる移転登記が認められている（[基礎編] 215頁）。本来、登記原因としては、「○年○月○日売買」などと記載すべきものであるが、それに代わるものとして、「真正な登記名義の回復」とするものである。

したがって、本問では、「真正な登記名義の回復を原因とする所有権移転登記手続をせよ」となる。

所有権に基づく返還請求権としての土地明渡請求権は、「甲土地を明け渡せ」というものである。

Ⅲ　請求原因～〔設問１〕(3)

所有権に基づく返還請求権としての土地明渡請求権が訴訟物であるから、請求原因は、①X 所有、②Y 現占有、である。Y が占有権原を有することは抗弁となる（[基礎編] 171頁）。

イは、「A は、平成27年６月１日、X に対し、甲土地を代金1000万円で売った。」であり、ウは、「Y は、現在甲土地を占有している。」（「現在」と入れなくとも、「占有している」とすれば、現在を現しており、それでも可）である。

Ⅳ　抗弁～〔設問２〕

X と Y は、対抗関係に立ち、Y は所有権移転登記を得ているのであるか

〔図９〕 ブロックダイアグラム

〈請求原因〉		〈抗弁〉（対抗要件具備による所有権喪失の抗弁）		〈再抗弁〉（背信的悪意者）	
ア	A H27.6.1当時甲土地所有	カ	A→Y H27.8.1売買	サ	Y カの際、イの売買を知っていた
イ	A→X H27.6.1売買	キ	A→Y カに基づく所有権移転登記	シ	背信性を基礎づける評価根拠事実（Yは、Xに高値で買い取らせる目的を有していた）
ウ	Y 現占有				

ら、対抗要件具備による所有権喪失の抗弁を主張することになる。Ｙが所有権移転登記を得ているので、Ｘは不完全ながら有していた所有権を失ったという主張である（［基礎編］184頁）。

登記がＡのままである場合には、対抗要件の抗弁（［基礎編］181頁）が主張されることが多い。対抗要件の抗弁と対抗要件具備による所有権喪失の抗弁との関係は、［基礎編］187頁参照。

抗弁となる理由としては、ＸとＹは、対抗関係に立ち、Ｙは所有権移転登記を得ているのであるから、これによりＹは確定的に所有権を取得し、一物一権主義によりＸは不完全ながら有していた所有権が失われる（民177条）、という理由による。要件事実的に述べると、対抗要件具備による所有権喪失の主張は、本件第１売買契約による請求原因と両立し、それによる法律効果の発生を障害するから、抗弁ということになる。

Ⅴ　再抗弁～〔設問３〕

Ｘの相談内容は、二重売買での背信的悪意者の主張である。背信的悪意者の要件事実は、

> ①　**相手方の悪意**
> ②　**背信性を基礎づける評価根拠事実**

である（［基礎編］186頁）。

オは、背信性を基礎づける評価根拠事実であるから、エには①が入る。悪意というのは、知っていたことである。

具体的には、「Ｙは、本件第２売買契約の際、本件第１売買契約がされたことを知っていた。」である。

理由は、二重譲渡があった場合、本来対抗要件を先に備えた者が勝つが（民177条）、すでに物権変動がされたことを知っており、かつ、登記の不存在を主張することが信義に反すると認められる事情がある場合には、このような背信的悪意者は、登記の不存在を主張する正当な利益を有しないからである。

Ⅵ　事実認定～〔設問４〕

〔設問４〕は、①弁護士Ｐ（Ｘの代理人）の立場で答えること、②【Ｘの供述内容】、【Ｙの供述内容】、「本件念書」に基づいて答えること、③再抗弁についてオの事実が認められること（Ｙに有利な事情に対する反論を含む）を中心に論じること、という条件が付されている。

②の各証拠を検討すると、重要なものは「本件念書」である。まず、本件念書は成立に争いがない（形式的証拠力を満たす）。その内容をみると、Ｙにおいて、ＹがＡとの売買契約の締結にあたり、「売却して利益が生じたときにはその３割を謝礼として渡す」旨記載したものである。もともと売買をすれば、買主がいかに使用、収益、処分するかは自由であるが、その記載内容からすると、買主であるＹは直ちに売却する意向であり、売却代金の利益の３割を渡すという約束をしており、相当多額な利益が生じると見込んでいたことが認められる。そして、Ｙは、Ａから500万円で甲土地を買い受け、本件念書を差し入れたのは、平成27年８月１日であり、それから１カ月後に、Ｘに対し時価（1000万円程度。ＸとＹの双方がその額を述べ、真実と考えられる）の倍である2000万円くらいでどうかという話をＸにしていること、Ｙは甲土地を資材置場として使用しているが、置かれている資材は大した分量ではなく、それ以外にはトラックが２台止まっているにすぎないことからすると、Ｘに対し甲土地を高値で買い取らせる目的を有していたと認めることができる。

Ｙは、「本件念書作成の際、ＡがＸに対し甲土地を売却していた話は聞いていなかった」旨述べるが、もともと転売目的であり、利益の３割を渡すという本件念書を差し入れたことからすると、Ｘに売却したことを知っていたと考えることができる。

法務省公表の出題趣旨

設問１は、不動産に係る登記請求及び明渡請求が問題となる訴訟において、原告代理人があらかじめ講ずべき法的手段とともに、訴状における請求の趣旨及び請求を理由付ける事実について説明を求めるものであり、民事保全の基本的理解に加えて所有権に基づく物権的請求権の法律要件に留意して説明することが求められる。

設問２は、不動産の二重譲渡事案における実体法上の権利関係に留意しつつ、被告本人の主張を適切に法律構成した上で、抗弁となる理由を説明することが求められる。

設問３は、再抗弁の事実について問うものである。判例で示された当該再抗弁に係る要件事実に即して、原告の主張内容から必要な事実を選択し、他の主張事実との関係にも留意することが求められる。

設問４は、上記の再抗弁の主張について、書証と人証の双方を検討し、必要な事実を抽出した上で、どの事実がいかなる理由から再抗弁に係る評価を根拠付ける際に重要であるかに留意して、準備書面に記載すべき事項を問うものである。

【参考答案】

〔設問１〕

(1)　①甲土地の所有権移転登記請求権を被保全債権とする処分禁止の仮処分（民保23条１項、53条１項）と②甲土地の明渡請求権を被保全債権とする占有移転禁止の仮処分（民保23条１項、25条の２第１項）である。

処分禁止の仮処分をしておく理由は、次のとおりである。処分禁止の仮処分をしておかないと、所有権移転登記を求めて現に所有権登記のあるＹを相手に訴えても、口頭弁論終結前に登記が第三者に移転すると、第三者には判決の効力は及ばず（民訴115条１項）、改めてその第三者を相手方として訴えを起こす必要がある。そこで、それを避けるために、処分禁止の仮処分をしておくと、その後に登記が第三者に移転しても、仮処分に遅れる登記であるので、債権者（X）に対抗できないこととなる（民保58条１項）。

占有移転禁止の仮処分をしておく理由は、次のとおりである。甲土地の明渡しを求める訴訟の口頭弁論終結前に甲土地が第三者に売却されるなどして占有が移転した場合、第三者には判決の効力は及ばず、改めてその第三者を相手方として訴えを起こす必要がある。そこで、それを避けるために、占有移転禁止の仮処分をしておくと、占有が第三者に移転しても、仮処分に遅れる占有移転であるので、債権者（X）に対抗できないこととなる（民保62条１項）。

⑵　Ｙは、Ｘに対し、甲土地につき、真正な登記名義の回復を原因とする所有権移転登記手続をせよ。

Ｙは、Ｘに対し、甲土地を明け渡せ。

⑶イ　Ａは、平成27年６月１日、Ｘに対し、甲土地を代金1000万円で売った。

ウ　Ｙは、現在甲土地を占有している。

〔設問２〕

対抗要件具備による所有権喪失の抗弁である。

甲土地は、Ａを起点として、ＸとＹに二重に売却されており、ＸとＹは対抗関係（民177条）に立つ。そうすると、Ｙは、本件第２売買契約に基づいて所有権移転登記を得ているので、その結果、一物一権主義によりＸは不完全ながら有していた所有権を失うこととなる。対抗要件具備による所有権喪失の主張は、本件第１売買契約による請求原因と両立し、それによる法律効果の発生を障害するから、抗弁になる。

〔設問３〕

Ｙは、本件第２売買契約の際、本件第１売買契約がされたことを知っていた。

理由は次のとおりである。二重売買があった場合、本来対抗要件を先に備えた者が勝つが（民177条）、既に売買があったことを知っており、かつ、登記の不存在を主張することが信義に反すると認められる事情がある場合には、このような背信的悪意者は登記の不存在を主張する正当な利益を有しないと考えられるからである。

したがって、Ｙの背信性のほか、Ｙが本件第２売買契約の際、本件第１売買契約がされたことを知っていたことが必要である。

〔設問４〕

本件念書は成立の真正につき争いがない。

その内容をみると、Ｙが、本件第２売買契約の締結にあたり、甲土地を売却して利益が生じたときはその３割をＡに謝礼として渡す旨記載したものである。その記載内容からすると、買主であるＹは直ちに売却する意向であり、売却代金の利益の３割を謝礼として渡すという約束をしており、相当多額な利益が生じると見込んでいたことが認められる。そして、Ｙは、Ａから500万円で甲土地を買い受け、本件念書を差し入れてから１カ月後に、Ｘに対し時価

(1000万円程度。ＸとＹの双方がその額を述べ、真実と考えられる）の倍である2000万円くらいでどうかという話をしていること、Ｙは甲土地を資材置場として使用しているが、置かれている資材は大した分量ではなく、それ以外にはトラックが２台止まっているにすぎず、有効に利用しているとはいえないことからすると、Ｘに対し甲土地を高値で買い取らせる目的を有していたと認めることができる。

Ｙは、「本件念書作成の際、ＡがＸに対し甲土地を売却していた話を聞いていなかった」旨述べるが、もともと転売目的であり、利益の３割を渡すという本件念書を差し入れており、ＡがＸに甲土地を売却したことを知っていたと考えることができる。

したがって、Ｙは、本件第２売買契約の際、Ｘに対し甲土地を高価で買い取らせる目的を有していたことは明らかである。

第10講

平成29年試験問題

司法試験予備試験用法文を適宜参照して、以下の各設問に答えなさい。

〔設問１〕

弁護士Ｐは、Ｘから次のような相談を受けた。

【Ｘの相談内容】

「私は、骨董品を収集することが趣味なのですが、親友からＢという人を紹介してもらい、平成28年５月１日、Ｂ宅に壺（以下「本件壺」という。）を見に行きました。Ｂに会ったところ、Ａから平成27年３月５日に、代金100万円で本件壺を買って、同日引き渡してもらったということで、本件壺を見せてもらったのですが、ちょうど私が欲しかった壺であったことから、是非とも譲ってほしいとＢにお願いしたところ、代金150万円なら譲ってくれるということで、当日、本件壺を代金150万円で購入しました。そして、他の人には売ってほしくなかったので、親友の紹介でもあったことから信用できると思い、当日、代金150万円をＢに支払い、領収書をもらいました。当日は、電車で来ていたので、途中で落としたりしたら大変だと思っていたところ、Ｂが、あなた（Ｘ）のために占有しておきますということでしたので、これを了解し、後日、本件壺を引き取りに行くことにしました。

平成28年６月１日、Ｂのところに本件壺を取りに行ったところ、Ｂから、本件壺は、Ａから預かっていただけで、自分のものではない、あなた（Ｘ）から150万円を受け取ったこともない、また、本件壺は、既に、Ｙに引き渡したので、自分のところにはないと言われました。

すぐに、Ｙのところに行き、本件壺を引き渡してくれるようにお願いしたのですが、Ｙは、本件壺は、平成28年５月15日にＡから代金150万円で購入したものであり、渡す必要はないと言って渡してくれません。

本件壺の所有者は、私ですので、何の権利もないのに本件壺を占有しているYに本件壺の引渡しを求めたいと考えています。」

弁護士Pは、【Xの相談内容】を前提に、Xの訴訟代理人として、Yに対し、本件壺の引渡しを求める訴訟（以下「本件訴訟」という。）を提起することを検討することとした。

以上を前提に、以下の各問いに答えなさい。

(1)　弁護士Pは、本件訴訟に先立って、Yに対して、本件壺の占有がY以外の者に移転されることに備え、事前に講じておくべき法的手段を検討することとした。弁護士Pが採り得る法的手段を一つ挙げ、そのような手段を講じなかった場合に生じる問題についても併せて説明しなさい。

(2)　弁護士Pが、本件訴訟において、選択すると考えられる訴訟物を記載しなさい。なお、代償請求については、考慮する必要はない。

(3)　弁護士Pは、本件訴訟の訴状（以下「本件訴状」という。）において、本件壺の引渡請求を理由づける事実（民事訴訟規則第53条第１項）として、次の各事実を主張した。

ア　Aは、〔①〕

イ　Aは、平成27年３月５日、Bに対し、本件壺を代金100万円で売った。

ウ　〔②〕

エ　〔③〕

上記①から③までに入る具体的事実を、それぞれ答えなさい。

(4)　弁護士Pは、Yが、AB間の売買契約を否認すると予想されたことから、上記(3)の法的構成とは別に、仮に、Bが本件壺の所有権を有していないとしても、本件壺の引渡請求を理由づける事実（民事訴訟規則第53条第１項）の主張をできないか検討した。しかし、弁護士Pは、このような主張は、判例を踏まえると認められない可能性が高いとして断念した。弁護士Pが検討したと考えられる主張の内容（当該主張を構成する具体的事実を記載する必要はない。）と、その主張を断念した理由を簡潔に説明しなさい。

〔設問２〕

弁護士Qは、本件訴状の送達を受けたYから次のような相談を受けた。

【Yの相談内容】

「私は、Aから、本件壺を買わないかと言われました。壺に興味があることから、Aに見せてほしいと言ったところ、Aは、Bに預かってもらっているということでした。そこで、平成28年5月15日、B宅に見に行ったところ、一目で気に入り、Aに電話で150万円での購入を申し込み、Aが承諾してくれました。私は、すぐに近くの銀行で150万円を引き出しA宅に向かい、Aに現金を交付したところ、Aが私と一緒にB宅に行ってくれて、Aから本件壺を受け取りました。したがって、本件壺の所有者は私ですから、Xに引き渡す必要はないと思います。」

弁護士Qは、【Yの相談内容】を前提に、Yの訴訟代理人として、本件訴訟における答弁書を作成するに当たり、主張することが考えられる二つの抗弁を検討したところ、抗弁に対して考えられる再抗弁を想定すると、そのうちの一方の抗弁については、自己に有利な結論を得られる見込みは高くないと考え、もう一方の抗弁のみを主張することとした。

以上を前提に、以下の各問いに答えなさい。

(1) 弁護士Qとして主張することを検討した二つの抗弁の内容（当該抗弁を構成する具体的事実を記載する必要はない。）を挙げなさい。

(2) 上記(1)の二つの抗弁のうち弁護士Qが主張しないこととした抗弁を挙げるとともに、その抗弁を主張しないこととした理由を、想定される再抗弁の内容にも言及した上で説明しなさい。

〔設問3〕

Yに対する訴訟は、審理の結果、AB間の売買契約が認められないという理由で、Xが敗訴した。そこで、弁護士Pは、Xの訴訟代理人として、Bに対して、BX間の売買契約の債務不履行を理由とする解除に基づく原状回復請求としての150万円の返還請求訴訟（以下「本件第2訴訟」という。）を提起した。

第1回口頭弁論期日で、Bは、Xから本件壺の引渡しを催告され、相当期間が経過した後、Xから解除の意思表示をされたことは認めたが、BがXに対して本件壺を売ったことと、BX間の売買契約に基づいてXからBに対し150万円が支払われたことについては否認した。弁護士Pは、当該期日において、以下の領収書（押印以外、全てプリンターで打ち出されたものである。以下「本件領収書」という。）を提出し、証拠として取り調べられた。これに対し、Bの弁護士Rは、本件領収書の成立の真正を否認し、押印についてもBの印章によるものではないと主張している。

その後、第1回弁論準備手続期日で、弁護士Pは、平成28年5月1日に150

万円を引き出したことが記載されたX名義の預金通帳を提出し、それが取り調べられ、弁護士Rは預金通帳の成立の真正を認めた。

第2回口頭弁論期日において、XとBの本人尋問が実施され、Xは、下記【Xの供述内容】のとおり、Bは、下記【Bの供述内容】のとおり、それぞれ供述した。

> 領　収　書
>
> X様
>
> 下記金員を確かに受領しました。
>
> 金150万円
>
> ただし、壺の代金として
>
> 平成28年5月1日
>
> BⒷ

【Xの供述内容】

「私は、平成28年5月1日に、親友の紹介でB宅を訪問し、本件壺を見せてもらいました。Bとは、そのときが初対面でしたが、Bは、現金150万円なら売ってもいいと言ってくれたので、私は、すぐに近くの銀行に行き、150万円を引き出して用意しました。Bは、私が銀行に行っている間に、パソコンとプリンターを使って、領収書を打ち出し、三文判ではありますが、判子も押して用意してくれていたので、引き出した現金150万円をB宅で交付し、Bから領収書を受け取りました。当日は、電車で来ていたので、取りあえず、壺を預かっておいてもらったのですが、同年6月1日に壺を受け取りに行った際には、Bから急に、本件壺は、Aから預かっているもので、あなたに売ったことはないと言われました。

また、Yに対する訴訟で証人として証言したAが供述していたように、Aは同年5月2日にBから200万円を借金の返済として受け取っているようですが、この200万円には私が交付した150万円が含まれていることは間違いないと思います。」

【Bの供述内容】

「確かに、平成28年5月1日、Xは、私の家を訪ねてきて、本件壺を見せてほしいと言ってきました。私はXとは面識はありませんでしたが、知人からXを紹介されたこともあり、本件壺を見せてはあげましたが、Xから150万円は受け取っていません。Xは、私に150万円を現金で渡したと言っているようですが、そんな大金を現金でもらうはずはありませんし、領収書についても、私の名前の判子は押してありますが、こんな判子はどこでも買えるもので、Xがパソコンで作って、私の名前の判子を勝手に買ってきて押印したものに違いありません。

私は、同月2日に、Aから借りていた200万円を返済したことは間違いありませんが、これは、自分の父親からお金を借りて返済したもので、Xからもらったお金で工面したものではありません。父親は、自宅にあった現金を私に貸してくれたようです。また、父親とのやり取りだったので、貸し借りに当たって書面も作りませんでした。その後、同年6月1日にもXが私の家に来て、本件壺を売ってくれと言ってきましたが、断っています。」

以上を前提に、以下の各問いに答えなさい。

(1) 本件第2訴訟の審理をする裁判所は、本件領収書の形式的証拠力を判断するに当たり、Bの記名及びB名下の印影が存在することについて、どのように考えることになるか論じなさい。

(2) 弁護士Pは、本件第2訴訟の第3回口頭弁論期日までに、準備書面を提出することを予定している。その準備書面において、弁護士Pは、前記【Xの供述内容】及び【Bの供述内容】と同内容のX及びBの本人尋問における供述並びに前記の提出された書証に基づいて、Bが否認した事実についての主張を展開したいと考えている。弁護士Pにおいて準備書面に記載すべき内容を、提出された書証や両者の供述から認定することができる事実を踏まえて、答案用紙1頁程度の分量で記載しなさい。

[関係図]

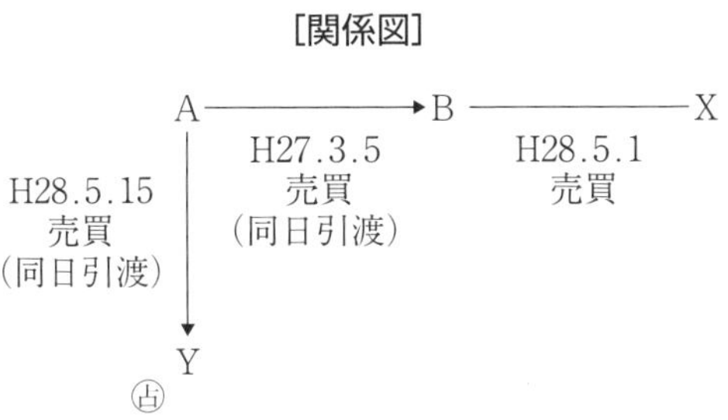

解　説

I　民事保全～〔設問１〕(1)

本年も、平成28年に続き、民事保全が出題されている。

「本件壺の占有がＹ以外の者に移転されることに備え」とあるので、法的手段は、本件壺の占有移転禁止の仮処分ということになる。既判力は、口頭弁論終結後の承継人に及び（民訴115条１項３号）、その者に対し強制執行することが可能であるが（民執23条１項３号）、口頭弁論終結前に現れた承継人には既判力が及ばない。訴訟提起後、口頭弁論終結前に本件壺の占有がＹ以外の第三者に渡ると、訴訟承継の手続が必要になり（民訴50条）、何らの手続をしなかった場合には、占有移転を受けた者に対し、再度の訴訟提起を余儀なくされる。

そこで、占有移転禁止の仮処分をすることによって、本件壺の占有をＹに固定する（当事者恒定効）ことが必要になる（［基礎編］359頁参照）。

解答は、以上のとおりであるが、壺という動産の占有移転禁止の仮処分というのは、珍しい。不動産は、動くことはなく、占有移転禁止の仮処分はよく使われているが、動産は、隠されてしまうと、見つけることは困難であり、あまり使われない。

なお、〔設問１〕(2)の問題文に、「代償請求については、考慮する必要はない」とあるが、実際には、動産のように存在するか否かわからないという場合には、訴訟で代償請求（その強制執行が目的を達することができない場合に備え、あらかじめ、その時価相当額の支払を請求すること。民執31条２項参照）も併せてすることが多い。といっても、代償請求は細かいし、予備試験受験生がそこまで知っておく必要はないので、ここでは、占有移転禁止の仮処分というものがいかなるものであるかを知っていれば足りる。

II　訴訟物～〔設問１〕(2)

どのような問題も、まず訴訟物を押さえ、要件事実を考えることが必要である。〔設問１〕は(2)で訴訟物を、(3)で請求原因を問う問題である。

Ｘは、契約関係にないＹに対し本件壺の引渡しを請求しているのであるから、訴訟物は、本件壺の所有権に基づく返還請求権としての動産引渡請求権である（［基礎編］273頁参照）。

Ⅲ　請求原因１～〔設問１〕(3)

〔設問１〕(3)は要件事実を問う問題である。

訴訟物は、所有権に基づく返還請求権としての動産引渡請求権であるので、請求原因は、

①　Ｘ所有 ②　Ｙ現占有

である（［基礎編］274頁参照）。

Ｘの所有については、争いのない時点まで遡る必要があり、アには平成27年３月５日時点で、Ａが所有していることが必要になる（イに、「Ａは、平成27年３月５日、Ｂに対し、本件壺を代金100万円で売った」とあるので、「平成27年３月５日」は、そこからも導かれる）。

ウは、Ｘが所有している必要があるので、ＢからＸへの売買契約が入る。

エは、Ｙが現在占有していることが入る。

ア～ウがＸの所有を基礎づける事実である。エがＹの現占有を基礎づける事実である。

Ⅳ　請求原因２～〔設問１〕(4)

ＹがＡ・Ｂ間の売買契約を否認すると予想されたことから、別の構成を考えることになった。

〔設問１〕(4)は、動産の所有権移転の問題であり、Ｘが所有権を取得するには、順次譲渡（売買）以外だと、即時取得（民192条）しかない。

このように、大きくとらえていかなる主張をするかを押さえておくことも重要である。

即時取得（民192条）の実体法上の要件は、

〔図10〕 ブロックダイアグラム

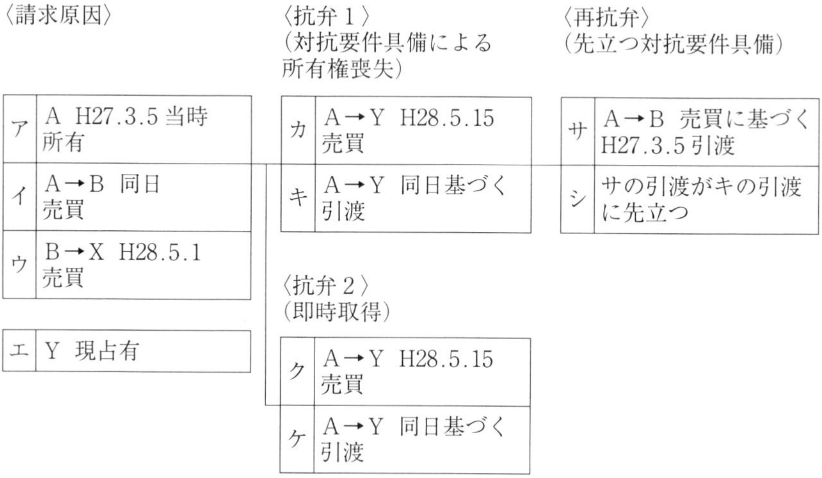

〈請求原因〉

ア	A　H27.3.5当時所有
イ	A→B　同日売買
ウ	B→X　H28.5.1売買

エ	Y　現占有

〈抗弁１〉
（対抗要件具備による所有権喪失）

カ	A→Y　H28.5.15売買
キ	A→Y　同日基づく引渡

〈再抗弁〉
（先立つ対抗要件具備）

サ	A→B　売買に基づくH27.3.5引渡
シ	サの引渡がキの引渡に先立つ

〈抗弁２〉
（即時取得）

ク	A→Y　H28.5.15売買
ケ	A→Y　同日基づく引渡

① 取引行為
② ①に基づく引渡し（占有の開始）
③ 平穏かつ公然
④ 善意
⑤ 無過失

であるが、要件事実の内容としては、

① **取引行為**
② **①に基づく引渡し**

で足りる（[基礎編] 276頁）。

ところが、本件では、Bは、「Xのために占有しておきます」とのことであり、Xの占有は、占有改定の方法によることになる。引渡しの方法については、「現実の引渡し」、「簡易の引渡し」、「指図による占有移転」のほか、「占有改定」の方法があるが、「占有改定」については即時取得は認められていない（最判昭35・2・11民集14巻2号168頁）。占有改定は、譲渡人が占有したままの状態であり、外観上変化がないのに、それにより即時取得を認めることは相当でないからである（［基礎編］276頁）。したがって、Xの即時取得は認められないので、その主張を断念したと考えられる。

V　抗弁～〔設問２〕

請求原因事実は、前述のとおり、①A 平成27年３月５日当時所有、②A→B 同日売買、③B→X 平成28年５月１日売買である（④Y 現占有は、争いがなく、とりあえず関係しないのでおいておく）。

これに対し、Yは、抗弁として、①二重譲渡による対抗要件具備による所有権喪失の抗弁、②動産であるから即時取得による所有権喪失の抗弁を主張できる。いずれも、

①	A→Y	平成28年５月15日売買
②	A→Y	同日①に基づく引渡し

が抗弁事実になる（［基礎編］276頁、280頁）。

二重譲渡においては、対抗要件を具備した者が勝つことになる。もっとも、動産の場合は、不動産の「登記」とは異なって、対抗要件が「引渡し」であるので、対抗要件の存否や先後関係で争いになることもある。本問で、先立つ対抗要件具備の再抗弁に該当する具体的事実を考えると、

①	A→B　平成27年３月５日売買（〔図10〕のイで主張）に基づく引渡し
②	①の引渡しがA→Yへの引渡し（〔図10〕のキで主張）に先立つこと

である（［基礎編］280頁参照）。

具体的にみると、A→B 平成27年３月５日売買による引渡しは同日にされており、他方、A→Y の引渡しは平成28年５月15日であるから、再抗弁が認められることになり、抗弁を主張する意味はない。

なお、本問は、A→B→X と所有権が移転しているが、B が対抗要件を具備した時点で、Y は確定的に所有者ではなくなっている（もともと Y は所有者になったことはない）。

したがって、対抗要件具備による所有権喪失の抗弁は、再抗弁が認められるので、主張する意味がないことになる。

Ⅵ　事実認定～〔設問3〕

［関係図］

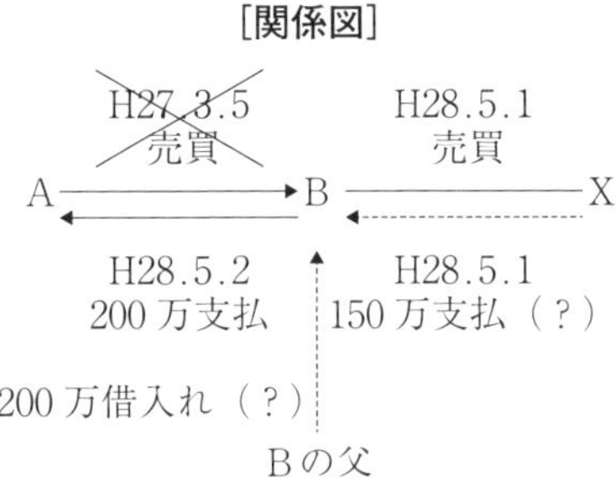

1　〔設問3〕(1)

本件領収書は、私文書である。私文書は、本人の署名または押印がある場合は真正に成立したものと推定される（民訴228条4項）。本件領収書のBの名は、パソコンとプリンターを使って打ち出されたものであり、「署名」に当たらない。B名下の押印について、Bは、「私の名前の判子を勝手に買ってきて押印したものに違いありません」と否認しており、Xも、判子を押す場面を目撃したわけでもなく、Bが押印したと認めることはできないと考えられる。したがって、本件領収書について、形式的証拠力を認めることはできない。

2　〔設問3〕(2)

〔設問3〕(2)は、「Bが否認した事実についての主張を展開したいと考えている」という問題である。

Bが否認した事実は、「BがXに対して本件壺を売ったこと」と「BX間の売買契約に基づいてXからBに対し150万円が支払われたこと」である。両者の関係は、前者を推認させる事実として後者があるという関係にある。

また、「提出された書証や両者の供述から認定することができる事実を踏まえて」とあるので、「提出された書証」と「両者の供述から認定できる事実」を検討することになる。

提出された書証としては、本件領収書とX名義の預金通帳がある。このうち、本件領収書は、前記のとおり、Bの署名はなく（記名のみ）、印鑑も三文印であり、三文印はどこにでも売っているものであり、Bのものであるかははっきりせず、XはBが印鑑を押す現場を見ていたわけでもないので、成立の真正が認められず、役立たないといえる。これに対し、X名義の預金通帳については、成立の真正も争いがなく、X名義の預金口座から平成28年5月1日に150万円が引き出されたことがわかる。そして、Bは、同月2日にAから借りていた200万円を返済している（Bも認めている）のであるから、それが使われたと推認することができる。これに対し、Bにおいて、「Bが同月2日にAから借りていた200万円を返済したのはBの父親からお金を借りたことによる」旨供述するが、Bと父親間で貸借にあたって裏付けとなる書面は作成されておらず、信用することはできない。

ポイントとしては、まず、自己の根拠となる記載をし、その後に相手方の考え得る主張に対して反論を書くということである。

〔設問3〕(2)は、X代理人Pの立場から答えるものであり、裁判所の立場とは異なる。本問では、裁判所の立場でも、同様の判断になるものと思われるが、本問のような問題は、事実認定を考えるにあたって検討すべき代表的なケースであり、［基礎編］25頁の図を参照していただきたい。

法務省公表の出題趣旨

設問1は、動産の引渡請求が問題となる訴訟において、原告代理人があらかじめ講ずべき法的手段とともに、引渡請求の訴訟物や当該請求を理由付ける事実について説明を求めるものである。民事保全の基本的理解に加えて、所有権に基づく物権的請求権の法律要件について、民事実体法及び判例で示された規律や動産取引の特殊性に留意して検討することが求められる。

設問2は、動産の二重譲渡事案における実体法上の権利関係及びそれに係る要件事実の理解を前提に、原告の所有権喪失原因について幅広く検討した上、本件の時系列の下で予想される再抗弁の内容を念頭に、適切な抗弁を選択し、その理由を説明することが求められる。

設問3は、二段の推定についての基本的理解と当てはめを問うとともに、原告代理人の立場から、準備書面に記載すべき事項を問うものである。争点に関する書証及び当事者尋問の結果を検討し、証拠により認定することができる事実を摘示した上で、原告の主張を根拠付けるために、各認定事実に基づき、いかなる推論・評価が可能か、その過程を検討・説明することが求められる。

【参考答案】

〔設問1〕

⑴　本件壺の占有移転禁止の仮処分（民保23条1項）である。

判決の既判力は、口頭弁論終結後の承継人に及ぶが（民訴115条1項3号）、口頭弁論終結前に現れた承継人には及ばない。訴え提起後、口頭弁論終結前に本件壺の占有がY以外の第三者に移ると、訴訟承継の手続が必要になり（民訴50条）、何らの手続をしなかった場合には、占有移転を受けた者に対し、再度の訴訟提起を余儀なくされる。

そこで、占有移転禁止の仮処分をすることによって、本件壺の占有をXとの関係でYに固定する（当事者恒定効）ことが必要になる。

⑵　本件壺の所有権に基づく返還請求権としての動産引渡請求権

⑶①　平成27年3月5日当時、本件壺を所有していた。

②　Bは、平成28年5月1日、Xに対し、本件壺を代金150万円で売った。

③　Yは、現在本件壺を占有している。

⑷　Xが本件壺を即時取得（民192条）したとの主張。Xは、占有改定により本件壺を取得したと主張しても、占有改定による取得では、譲渡人が占有したままの状態であり、外観上変更がないので、即時取得を認めることはできない。

〔設問2〕

⑴　①YがAから本件壺を買い、引渡しを受けたことにより、Xが所有権を喪失したとの主張（対抗要件具備による所有権喪失の抗弁）、②Yが、本件壺の所有権をAが有するものと信じて本件壺を買い、その引渡しを受けたとの主張（即時取得による所有権喪失の抗弁）。

⑵　主張しないこととした抗弁は、対抗要件具備による所有権喪失の抗弁である。

YがAから本件壺を買って引渡しを受けたのは、平成28年5月15日である。ところが、それ以前である平成27年3月5日にAがBに本件壺を売って引き渡している。したがって、Yが対抗要件具備による所有権喪失の抗弁を主張しても、再抗弁であるAからBへの本件壺の引渡しが、AからYへの本件壺の引渡しに先立つことになり、先立つ対抗要件具備の再抗弁が認められることになるからである。

〔設問３〕
⑴　本件領収書は、私文書である。私文書は、本人の署名又は押印があるときは、真正に成立したものと推定される（民訴228条４項）。
　本件領収書のＢの名は、パソコンとプリンターを使って打ち出されたものであり、「署名」に当たらない。Ｂ名下の押印についても、Ｂは否認しており、Ｘも、「三文判ではありますが、判子も押して用意してくれていた」と述べ、判子を押す場面を目撃したわけでもなく、この三文判がＢの印鑑であるとする証拠もなく、Ｂが押印したと認めることはできない。したがって、本件領収書について、形式的証拠力を認めることはできない。
⑵　ＢがＸに対し本件壺を売ったことについて検討する。
　Ｘ名義の預金通帳については、成立の真正につき争いがなく、Ｘが平成28年５月１日に150万円を引き出したことが認められる。そして、Ｂは、同月２日にＡに対し借りていた200万円を返済している（その事実はＢも認めている）のであるから、金額や日付からして、Ｂは、前記150万円も使ってＡに対し借りていた200万円を弁済したと推認することができる。
　これに対し、Ｂは、同月２日にＡに200万円を弁済したのはＢの父親からお金を借りたものを充てた旨供述する。しかし、Ｂと父親間で200万円の貸借にあたって書面は作成されておらず、他にその事実を裏付ける証拠もなく、Ｂの供述は信用することはできない。
　そうすると、ＢがＡに支払った200万円は、Ｘから受領した本件壺の売買代金が使われたということができる。
　よって、ＢがＸに対し本件壺を売ったことが認められる。

☘*Coffee Break*　道半ば

　私は、弁護士であるが、臨済宗の僧侶でもある。臨済宗は、禅宗の一派である。僧侶になるには、少なくとも数年間は道場に入り、座禅、公案（問答）、作務（労働）、托鉢を中心とする修行体験が求められる。
　この世に生きていると、楽しいこと、うれしいこともある。しかし、悲しいこと、つらいこと、苦しいことのほうがはるかに多い。いったいどうすれば、このつらさや苦しみから解放されるのだろうか。
　お釈迦さんはその解決法を発見した。人間は、生きていくうちに、願望、欲望、見栄、不安、妬みなど余計なものを身につけ、それがどんどん増殖し、それに執着していく。いわば知らず知らずのうちに、色眼鏡で周りを見て、余計な衣類で着ぶくれして、身動きがとれなくなっている。そうであれば、色眼鏡や余計な衣類を脱ぎ捨てて、ひいてはその元凶である「私」という意識も捨てて（実は「私」という意識自体幻想だとされている）、自他一如になる（自分と世界の分け隔てをなくす）ことが、少しでも楽になる方法なのだと。

この「捨てる」ことを、禅では「無」になるという。そして、禅の修行では、坐禅で、「私」という意識（＝執着）を捨てて「無」に徹するとともに、「公案」を用いて師匠と問答し、きちんと正しい方向で「無」になれているかを点検し、また修行の道標とするのである。

この「公案」は、千年以上前の中国での、師匠と弟子のあいだで行われた、丁々発止の問答がもとになっている。それが後年まとめられて、「公案」の題材になった。もっとも、象徴的な言い回しが使われたり、説明や論理がいくつも飛んでいるので、言葉の字づらだけでは理解できないようになっている。そもそも、言葉自体が色眼鏡を生み出す源泉だからである。

「公案」は、修行者のもつ既存の価値観や先入観（＝色眼鏡）を壊そうとするものなので、正しい方向で修行している者にはわかるけれども、そうでない者にはわからない。常識や言葉や理屈をいったん解体することが求められるのである。

ここに、「南泉斬猫」という則を紹介する。何やら法廷のようでもあるが、もちろん、一筋縄ではいかない。

ある日、修行道場の東の禅堂と西の禅堂の修行僧たちが、子猫をめぐって言い争っていた。

師匠の南泉和尚が外出先から帰ってきて、これを見つけ、子猫をつまみ上げて言った。「おまえたちが何か（適切な）ひとことを言うことができたら子猫は斬るまい。しかし、言うことができなければこの子猫を斬ってしまうぞ」と。

修行僧たちは口々に言った。しかし、いずれも南泉の期待に沿うものではなかった。ついに、南泉はその場で子猫を斬ってしまった。

夕方、一番弟子の趙州が外出先から帰ってきた。南泉は、趙州に子猫を斬った一件を話した。

すると、趙州は履いていた草鞋を脱いで、自分の頭の上に載せて出て行ってしまった。

南泉が言った。「もし、お前があの時にいたならば、子猫は救えたのに」と

南泉も趙州も、中唐から晩唐にかけて活躍した、卓越した禅僧であった。実際に南泉が子猫を斬ったのかどうかは定かではない。しかし、殺生戒や動物愛護の視点ではなく、修行者をぎりぎりまで追い詰める禅の課題と捉えてほしい。

どうすれば子猫を助けられたのだろうか。あるいは「子猫」は何かの暗喩なのだろうか。趙州の行為がヒントになるかと思いきや、かえってわからない。

この公案について、鎌倉時代の道元は、南泉は「一刀両断」でなく「一刀一断」すべきだったと、独特の言い方で評している。

禅の世界は、問いはいくらでも与えるが、答えは決して教えない。もがき苦しみながら自分で感得せよ、という極めて「不親切」なスタンスである。そして、この公案は、南泉そして趙州の奇行とも相まって、千何百年もの間、禅僧や修行僧を悩まし続けているのである。

ひるがえって、私も、紛争の根本を一刀のもと断ち切って、事案を解決できればどんなに楽か、と夢想する毎日である。無論、そのように夢想してしまうこと自体、弁護士としても僧侶としても、まだまだ「道半ば」である。

（三澤信吾・弁護士〔京都弁護士会所属〕）

第 11 講

平成30年試験問題

平成30年の問題は、平成29年民法改正（令和２年４月１日施行）前の債権の時効期間が10年（旧民167条１項）であることを前提としているので、ご注意願いたい。

司法試験予備試験用法文を適宜参照して、以下の各設問に答えなさい。

〔設問１〕

弁護士Ｐは、Ｘから次のような相談を受けた。

【Ｘの相談内容】

「私（Ｘ）とＹは、かつて同じ大学に通っており、それ以来の知り合いです。私は、平成27年８月頃、Ｙから、『配偶者が病気のため、急に入院したりして、お金に困っている。他に頼める人もおらず、悪いが100万円程度を貸してくれないか。』と頼まれました。私は、会社勤めで、さほど余裕があるわけでもないので、迷いましたが、困っているＹの姿を見て放っておくわけにはいかず、友人のよしみで、１年後くらいには返してもらうという前提で、Ｙに100万円を貸してもよいと考えました。私とＹは、平成27年９月15日に会いましたが、その際、Ｙは、『100万円借り受けました。平成28年９月30日までに必ず返済します。』と書いた借用証書を準備しており、これを私に渡し、私も、その内容を了解して、Ｙに現金100万円を渡しました。なお、友人同士でもあり、利息を支払ってもらう話は出ませんでした。

ところが、返済期限が過ぎても、Ｙは、一向に返済しません。私は、直ちに100万円を返してほしいですし、返済が遅れたことについての損害金も全て支払ってほしいです。

なお、Ｙは、平成29年７月末頃までは会社勤めでしたが、同年８月頃から現在まで、個人で自営業をしています。Yは、現在、顧客であるAに対して80万円の売買代金債権を持っているものの、それ以外にめぼしい資産はないようです。」

弁護士Pは、【Xの相談内容】を前提に、Xの訴訟代理人として、Yに対し、Xの希望する金員の支払を求める訴訟（以下「本件訴訟」という。）を提起することを検討することとした。

以上を前提に、以下の各問いに答えなさい。

(1)　弁護士Pは、勝訴判決を得た場合の強制執行を確実に行うために、本件訴訟に先立ってXが事前に講じておくべき法的手段を検討した。Xが採り得る法的手段を一つ挙げなさい。また、その手段を講じなかった場合に生じる問題について、その手段の有する効力に言及した上で説明しなさい。

(2)　弁護士Pが、本件訴訟において、Xの希望を実現するために選択すると考えられる訴訟物を記載しなさい。

(3)　弁護士Pが、本件訴訟の訴状（以下「本件訴状」という。）において記載すべき請求の趣旨（民事訴訟法第133条第2項第2号）を記載しなさい。なお、付随的申立てについては、考慮する必要はない。

(4)　弁護士Pが、本件訴状において、請求を理由づける事実（民事訴訟規則第53条第1項）として主張すると考えられる具体的事実を記載しなさい。

〔設問2〕

弁護士Qは、本件訴状の送達を受けたYから次のような相談を受けた。

【Yの相談内容】

「確かに、私（Y）は、Xが主張する時期に、借用証書を作成した上で、Xから100万円を借りたことはあります。しかし、私は、返済期限の平成28年9月30日に、全額をXに返済しました。

平成29年に入って、私とXは、大学の同窓会の幹事を担当するようになったのですが、同年9月半ば頃に、私の発言をきっかけにXが幹事を辞任しなければならなくなり、関係が悪化してしまったのです。そのようなこともあって、Xは、突然、返したものを返していないなどと言い出したのだと思います。

また、今回、Xから請求を受けて思い返してみたのですが、私とXが大学を卒業した直後である平成19年10月1日、私は、Xから懇願されて、気に入っていたカメラ（以下「本件カメラ」という。）を8万円で売って、同日、X

に本件カメラを渡したことがありました。その後、忙しくて、Xに催促しそびれて、お金を受け取らないまま現在に至っています。100万円を返す必要は全くないと考えていますが、万一、その主張が認められなかったとしても、少なくとも前記8万円分を支払う必要はないと思います。」

弁護士Qは、【Yの相談内容】を前提に、Yの訴訟代理人として、弁済の抗弁と相殺の抗弁を主張することとし、これらが記載された本件訴訟における答弁書（以下「本件答弁書」という。）を作成した。弁護士Qは、本件答弁書の提出に先立ち、Xに対し、Xの請求を全面的に争うとともに、8万円分の相殺の抗弁を主張する旨を詳しく記載した内容証明郵便を発送し、Xは、平成30年2月2日、弁護士Pを経由して、同内容証明郵便を受領した。

以上を前提に、以下の各問いに答えなさい。なお、**〔設問2〕**以下においては、遅延損害金の請求やこれについての主張を考慮する必要はない。

(1) 弁護士Qは、本件答弁書に記載した弁済の抗弁につき、次の事実を主張した。

　　Yは、Xに対し、〔①〕。

　上記〔①〕に入る具体的事実を記載しなさい。

(2) 弁護士Qは、本件答弁書に記載した相殺の抗弁につき、次の各事実を主張することを検討した。

　ア　Yは、Xに対し、平成19年10月1日、本件カメラを代金8万円で売った。

　イ　Yは、Xに対し、平成30年2月2日、〔②〕。

(i) 上記〔②〕に入る具体的事実を記載しなさい。

(ii) 弁護士Qとして、上記ア及びイの各事実に加えて、「Yは、Xに対し、平成19年10月1日、アの売買契約に基づき、本件カメラを引き渡した。」との事実を主張することが必要か否か。結論とその理由を述べなさい。

〔設問3〕

弁護士Pは、相殺の抗弁に対して、下記の主張をできないか検討したが、下記の主張は認められない可能性が高いとして断念した。弁護士Pが断念した理由を説明しなさい。

記

Yの X に対する本件カメラの売買代金債権につき、消滅時効が成立しているところ、Xは同時効を援用する。

〔設問４〕

第１回口頭弁論期日において、本件訴状と本件答弁書が陳述され、弁護士Ｐは、弁済の抗弁に係る事実を否認した。第１回弁論準備手続期日において、弁護士Ｑは、書証として下記①及び②を提出し、いずれも取り調べられ、弁護士Ｐはいずれも成立の真正を認めた。

記

① 銀行預金口座（Ｙ名義）から、平成28年９月28日に現金50万円、同月29日に現金50万円がそれぞれ引き出された旨が記載された預金通帳（本件通帳）

② 現在のＹの住所につき、「住所を定めた日平成29年８月31日転入」との記載がある住民票写し（本件住民票）

その後、２回の弁論準備手続期日を経た後、第２回口頭弁論期日において、本人尋問が実施され、Ｘは、下記【Ｘの供述内容】のとおり、Ｙは、下記【Ｙの供述内容】のとおり、それぞれ供述した。

【Ｘの供述内容】

「今回、Ｙから、Ｙの配偶者が急な病気のため入院して、お金に困っていると泣き付かれました。私には小さい子供が２人おり、家計のやりくりは楽ではないのですが、困っているＹを見捨てるわけにもいかず、お金を貸しました。

Ｙから食事をおごられた記憶はあります。Ｙのいうとおり、平成28年９月30日だったかもしれません。ただし、その際にお金を返してもらったということは絶対にありません。

私も色々と忙しかったので、私が初めてＹにお金の返済を求めたのは、平成29年10月だったと思います。確かに、同年９月半ば頃、私は、同窓会の経理につき、他の幹事たちの面前で、Ｙから指摘を受けたことはありますが、私が同窓会の幹事を辞任したのは、それとは無関係の理由ですので、私がＹを恨みに思っているということはありません。

時期までは聞いていませんが、Ｙが引っ越しをしたことは聞いています。でも、だからといって、Ｙがいうように領収書を処分してしまうということは普通は考えられません。そもそも、Ｙは私に返済していないのですから、Ｙのいうような領収書が存在するわけもないのです。」

【Ｙの供述内容】

「私は、配偶者が急に病気になり、入院するなどしたため、一時期、お金に困り、Xに相談しました。Xは快くお金を貸してくれて、本当に助かりました。

幸い、私の配偶者は、一時期の入院を経て元気になり、私たちは生活を立て直すことができました。

私は、返済期限である平成28年9月30日に、Xと会って、レストランで食事をおごるとともに、前々日と前日に銀行預金口座から引き出しておいた合計100万円をXに渡しました。

Xも私もあらかじめ書面は用意していなかったのですが、Xが、その場で自分の手帳から紙を1枚切り取って、そこに、『領収書　確かに100万円を受け取りました。』との文言と、日付と、Xの氏名を記載して、私に渡してくれました。私は、平成29年8月31日に現在の住所に引っ越したのですが、返済して1年近く経っていたこともあり、その引っ越しの際に、他の不要な書類とともに先ほど述べた領収書を処分してしまったので、今回の訴訟にこの領収書を証拠として提出していません。

平成29年に入って、私とXは、大学の同窓会の幹事を担当するようになったのですが、同年9月半ば頃、Xが同窓会費を使い込んでいたことが判明したため、私が、他の幹事たちの面前で、その点をXに指摘し、それをきっかけにXが幹事を辞任したことがあったため、Xは、私を恨みに思っているようでした。そのようなこともあって、同年10月に、返したものを返していないなどと言い出し、請求し始めたのだと思います。」

以上を前提に、以下の問いに答えなさい。

弁護士Qは、本件訴訟の第3回口頭弁論期日までに、準備書面を提出することを予定している。その準備書面において、弁護士Qは、前記の提出された各書証並びに前記【Xの供述内容】及び【Yの供述内容】と同内容のX及びYの本人尋問における供述に基づいて、弁済の抗弁が認められることにつき主張を展開したいと考えている。弁護士Qにおいて、上記準備書面に記載すべき内容を答案用紙1頁程度の分量で記載しなさい。

[関係図]

X ——→ Y

H27.9.15 100万

（弁 H28.9.30）

解　説

Ⅰ　民事保全～〔設問１〕(1)

本年も民事保全の出題である。

ＸのＹに対する債権は、金銭債権である。金銭債権を保全するためには、仮差押えをすることになる。Ｙが有する財産は、Ａに対する80万円の売買代金債権しかないので、その債権を仮に差し押さえることになる。

それをしておかなかった場合、仮に、ＹがＡに対する売買代金債権を第三者に譲渡したり、ＡがＹに弁済すると、Ｙの財産ではなくなるので、Ｙに対して勝訴判決を得ても、強制執行をすることができなくなる。債権の仮差押えがされ、それが第三債務者Ａに送達されると、ＡのＹへの弁済が禁止され（民保50条１項）、債務者であるＹに対し当該債権の処分を禁止する効力が生じる。

Ⅱ　訴訟物～〔設問１〕(2)(3)

1　訴訟物～〔設問１〕(2)

〔設問１〕(2)の訴訟物は、①消費貸借契約に基づく貸金返還請求権、②履行遅滞に基づく損害賠償請求権である。

これまでは、「附帯請求及び付随的申立てを考慮する必要はない」（平成28年〔設問１〕(2)等）という形で、附帯請求は考慮外に置かれており、この傾向は続くのかと思っていたが、附帯請求が出題された。

実務では、附帯請求は、請求できる事案であれば、ほとんど請求されているが（民事訴訟法９条２項により、その価額は訴訟の目的の価額に算入しないとされているので、訴えを起こす手数料が不要になるメリットがある）、予備試験では出ないものと思っていた。

附帯請求は、本問では、履行遅滞に基づく損害賠償請求権である（［基礎編］152頁）。

2 請求の趣旨〜〔設問１〕(3)

請求の趣旨は、消費貸借契約に基づく貸金返還請求権については、「Yは、Xに対し、100万円を支払え」というものであり、履行遅滞に基づく損害賠償請求権については、「Yは、Xに対し、100万円に対する平成28年10月１日から支払済みまで年５分の割合による金員を支払え」となる。年５分は、平成29年民法改正により令和２年４月１日から年３％になったが、それまでに成立した債権は年５分ということになる。

両者を併せると、「Yは、Xに対し、100万円及びこれに対する平成28年10月１日から支払済みまで年５分の割合による金員を支払え」となる。

なお、付随的申立てというのは、「訴訟費用負担の裁判の申立て」と「仮執行宣言の申立て」を意味する（［基礎編］140頁）。

Ⅲ 請求原因〜〔設問１〕(4)

消費貸借契約に基づく貸金返還請求権の実体法上の成立要件は、

㋐　金銭の返還約束
㋑　金銭の交付
㋒　返還時期の合意
㋓　返還時期の到来

であり（［基礎編］146頁）、これらを請求原因で主張・立証する必要がある。

そうすると、請求原因事実は、

①　Xは、平成27年９月15日、Yに対し、100万円を弁済期平成28年９月30日との約定で貸し渡した。
②　平成28年９月30日は到来した。

となる。①は、㋐〜㋒をまとめて記載したものである。㋐の金銭の返還約束と㋑の金銭の交付は、「貸し渡した（貸し付けた）」と記載することで、両者を現している。

〔設問１〕(4)では、履行遅滞に基づく損害賠償請求権も記載する必要がある。その要件事実は、民事法定利率（民419条１項本文、404条）で請求する限り、期限の経過のみである。

そうすると、請求原因事実は、

③　平成28年９月30日は経過した。

ということになり、②は③に含まれるので、結局、①と③が必要ということになる。

Ⅳ　抗弁１～〔設問２〕(1)

〔図11〕　ブロックダイアグラム

〈請求原因〉

ア	X→Y　H27.9.15 100万　弁 H28.9.30
イ	H28.9.30 経過

〈抗弁１〉（弁済）

Y→X　H28.9.30 100万支払

〈抗弁２〉（相殺）

カ	Y→X　H19.10.1 カメラ８万
キ	Y→X　同日 引渡
ク	Y→X　H30.2.2 相殺の意思表示

弁済の要件事実は、

㋐　債務の本旨に従った給付をしたこと ㋑　その給付が当該債権についてされたこと（給付と債権との関連性）

である（[基礎編] 63頁）。

給付と当該債権との関連性については、別口債権が存在する場合に問題となり、別口債権の存在を再抗弁、本件債権への充当を再々抗弁とする見解もあるが、ここでは、一般にとられている、給付と当該債権との関連性をも弁済の抗弁で主張するという見解に立って考えるのが相当である（そうでないと、ここでは具体的事実を書くだけなので、別口債権の存在を再抗弁と考えると、問題にならないように思われるため)。

そうすると、①に入るのは、

> 平成28年９月30日、消費貸借契約に基づく貸金返還債務の履行として、100万円を支払った。

となる。「消費貸借契約に基づく貸金返還債務の履行として」が、給付と当該債権との関連性を示している。

V　抗弁２～〔設問２〕(2)

相殺は、平成24年にも出題されている（52頁参照)。

相殺の要件事実は、

> Ⅰ　自動債権の発生原因事実
> (Ⅱ　自動債権が双務契約である場合には、同時履行の抗弁権の発生障害または消滅原因となる事実)
> (Ⅲ　自動債権が貸借契約である場合には、弁済期の定めとその到来)
> Ⅳ　相殺の意思表示

である（[基礎編］121頁)。

〔設問２〕(2)では、自働債権は、カメラの売買契約であり、Ⅰ、Ⅱ、Ⅳが必要な事実である。アはⅠを現している。Ⅱは(ii)の解答である。(i)の解答として②に入るのは、Ⅳの事実であり、どの債権を自働債権とし、どの債権を受働債権として相殺する意思表示をしたのかを明確に記載する必要がある。

「アの債権（本件カメラの売買代金債権）をもって、Ｘの請求する貸金返還債権と対当額で相殺するとの意思表示をした」となる。

(ii)は、自働債権が売買契約という双務契約であり、売買代金の支払と本件カメラの引渡しは、同時履行の関係にある。自働債権に同時履行の抗弁権が付いている場合には、相殺は許されない。なぜなら、相殺によって自働債権は受働債権と対当額で消滅するが、これは自働債権の弁済を強制されたのと同じ結果をもたらすことになり、同時履行の抗弁権の意味がなくなるからである（[基礎編］118頁)。自働債権が売買契約の場合は、売買契約の事実を主張・立証することによって、同時履行の抗弁権が基礎づけられてしまうので、自働債権の同時履行の消滅原因となる事実を主張しておく必要がある。したがって、本件カメラを引き渡したことを主張することによって、同時履行の抗弁権がなくなり、相殺できることになる。

Ⅵ　再抗弁～〔設問３〕

〔設問３〕は、相殺と消滅時効の関係を問う設問である。

自働債権である本件カメラを売ったことによる売買代金債権は、平成19年10月１日の翌日から時効が起算される。それから10年の経過により、時効で消滅する（旧民167条１項。改正民法では、権利を行使することができることを知った時から５年（民166条１項１号）となっている）。したがって、平成29年10月１日の経過により時効が完成していることになる（［基礎編］70頁）。

他方、受働債権のＸのＹに対する貸金返還請求権の弁済期は、平成28年９月30日であるから、自働債権が時効完成する以前に相殺適状になっており、時効完成後でも相殺することができる（民508条）。当事者は、相殺適状にあることによって相殺で処理できるという期待をもつのが通常であるから、その期待を保護するのが相当であるという趣旨による（［基礎編］123頁）。なお、時効完成後の債権を譲り受けた者は、相殺に対する期待があるとはいえず、それを自働債権として相殺することはできない。

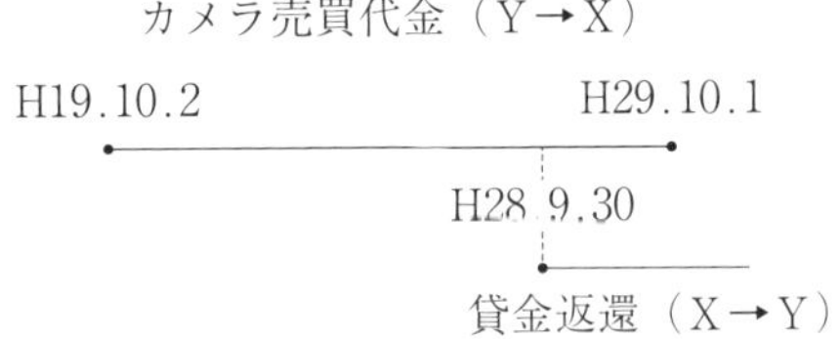

Ⅶ　事実認定～〔設問４〕

〔設問４〕では、弁済の抗弁が認められることについて、Ｙの立場で主張することになっている。

弁済にあたっては、最も重要な書証は「領収書」であり、成立に争いのない領収書があれば、弁済の事実が認められるのが通常である。ところが、本件では領収書はない。失くした理由も述べられており、それを記載する必要があるが、冒頭には書かないほうがよい。弁済は、Yが立証責任を負っており、まずどういうことから弁済の事実が認められるのかを書いた後に、領収書がないことの説明を加えておくのが相当ということになる。

証拠としては、「本件通帳」、「本件住民票」、「Xの供述」、「Yの供述」があるが、本件住民票は領収書を失くしたことの1つの裏付けになるものの、特に重要なものではない。これに対し、本件通帳は重要であり、まず本件通帳から記載することになる。つまり、弁済があったとする日（平成28年9月30日）の前々日と前日に合計100万円を引き出していることを記載する。そして、Yは平成28年9月30日にXと会っていることも記載する（この事実は、Xも一応認めている）。この2点が大きい。

次に、領収書がない理由を記載する。その裏付けとして本件住民票を使う。最後に不仲になった理由を記載し、Xが弁済をしていないと言い出した理由を記載するとよい（領収書がない理由と不仲になった理由は、どちらから書いてもよいであろう）。

法務省公表の出題趣旨

設問1は、消費貸借契約に基づく貸金返還請求等が問題となる訴訟において、原告代理人があらかじめ講ずべき法的手段とともに、原告の求める各請求に対応した訴訟物や請求の趣旨、請求を理由付ける事実について説明を求めるものである。債権を対象とする民事保全の効力について検討を行うほか、消費貸借契約に基づく貸金返還請求の法律要件につき、附帯請求に係るものを含め、正確な理解が問われる。

設問2は、金銭請求に対する典型的な抗弁事実に関し、民事実体法及び要件事実の理解を問うものである。相殺の抗弁については、自働債権が双務契約に基づいて発生したことを踏まえ、本件の事案に即して、自説を的確に論ずることが求められる。

設問3は、原告代理人の訴訟活動上の選択につき、理由を説明するものである。相殺と消滅時効に関する実体法上の規律を前提に、本件の事案に適切に当てはめて論ずることが求められる。

設問4は、被告代理人の立場から、弁済の抗弁について準備書面に記載すべき事項を問うものである。書証及び当事者尋問の結果を検討し、いかなる証拠によりいかなる事実を認定することができるかを示すとともに、各認定事実に基づく推認の過程を、本件の具体的な事案に応じて、説得的に論述することが求められる。

【参考答案】

〔設問１〕

(1) ＸのＹに対する貸金返還請求権を被保全債権とする、ＹのＡに対する売買代金債権の仮差押命令の申立て（民保20条１項）。

その手段を講じなかった場合、ＹがＡに対する売買代金債権を第三者に譲渡したり、ＡがＹに売買代金債権を弁済すると、ＹのＡに対する売買代金債権は消滅するので、Ｙに対して勝訴判決を得ても、Ｙにはめぼしい財産はなく、強制執行をすることができないおそれがある。債権の仮差押えがされ、それが第三債務者Ａに送達されると、ＡのＹへの弁済が禁止されるので（民保50条１項）、売買代金債権の処分を禁止する効力が生じる。

(2) 「消費貸借契約に基づく貸金返還請求権」と「履行遅滞に基づく損害賠償請求権」

(3) Ｙは、Ｘに対し、100万円及びこれに対する平成28年10月１日から支払済みまで年５分の割合による金員を支払え。

(4)① Ｘは、平成27年９月15日、Ｙに対し、100万円を弁済期平成28年９月30日との約定で貸し渡した。

② 平成28年９月30日は経過した。

〔設問２〕

(1) 平成28年９月30日、消費貸借契約の基づく貸金返還債務の履行として、100万円を支払った。

(2)(i) アの債権（本件カメラの売買代金債権）をもって、Ｘの請求する貸金返還債権と対当額で相殺するとの意思表示をした。

(ii) 主張する必要がある。

自働債権が売買契約という双務契約であり、売買代金の支払と本件カメラの引渡しは、同時履行の関係（民533条）にある。自働債権に同時履行の抗弁権が付着している場合には相殺は許されない。なぜなら、相殺によって自働債権は受働債権と対当額で消滅するが、これは自働債権の弁済を強制されたのと同じ結果をもたらすことになり、同時履行の抗弁権の意味がなくなるからである。自働債権が売買契約の場合、売買契約の事実を主張・立証することによって、同時履行の抗弁権が基礎づけられてしまうので、自働債権の同時履行の抗弁権の消滅原因となる事実を主張しておく必要がある。本件カメラを引き渡したことを主張することによって、同時履行の抗弁権が消滅し、相殺できることになる。

〔設問３〕

自働債権である本件カメラを売ったことによる売買代金債権は、平成19年10月１日から10年の経過により、時効で消滅する（旧民167条１項）。したがって、平成29年10月１日の経過により時効が完成していることになる。

他方、受働債権のＸのＹに対する貸金返還請求権の弁済期は、平成28年９月30日であるから、自働債権が時効完成する以前に相殺適状になっており、時効完成後でも相殺することができる（民508条）。当事者は、相殺適状にあることによって相殺で処理できるという期待を持つのが通常であるから、その期待を保護するのが相当であるという趣旨による。

したがって、弁護士Ｐは、消滅時効の主張を断念したと考えられる。

〔設問４〕

本件通帳によると、ＹがＸに対して100万円の弁済をしたとする日（平成28年９月30日）の前々日と前日に、Ｙは自己の銀行預金口座から合計100万円を引き出していることが認められる。そして、Ｙは、平成28年９月30日にＸと会っている（この事実はＸも一応認めている）。100万円という多額の金銭であり、日付が接着していることからすれば、ＹはＸに対し、自己の銀行預金口座から引き出した100万円を交付したものと推認することができる。

本件では、Ｘが作成した領収書は証拠として提出されていない。しかし、本件住民票からすると、Ｙは平成29年８月31日に引っ越しをしていることが認められる。そして、Ｙは、その際に本件領収書を処分してしまったと述べるところ、引っ越しの際に書類を紛失することは十分にあり得ることであり、領収書が存在しないことは前記推認の妨げとなるものではない。

また、ＸとＹは、同年９月半ば頃に同窓会費を巡ってトラブルになっている。Ｘはそのために、弁済期から１年以上が経過した同年10月になって、突如として返済を受けていないとしてＹに対して返済を求めているということができる。真実弁済を受けていないのであれば、それまで何らの行動に出ていないことは不自然である。

以上のとおり、Ｙは、平成28年９月30日にＸに対して100万円を弁済したと認めることができる。

第12講

平成31年試験問題

司法試験予備試験用法文を適宜参照して、以下の各設問に答えなさい。

〔設問１〕

弁護士Ｐは、Ｘから次のような相談を受けた。

【Ｘの相談内容】

「Ａは、知人のＢに対し、平成29年９月１日、弁済期を平成30年６月15日、無利息で損害金を年10％として、200万円を貸し渡しました。ＡとＢは、平成29年９月１日、上記の内容があらかじめ記載されている「金銭借用証書」との題の書面に、それぞれ署名・押印をしたとのことです（以下、この書面を「本件借用証書」という。）。加えて、本件借用証書には、「Ｙが、ＢのＡからの上記の借入れにつき、Ａに対し、Ｂと連帯して保証する。」旨の文言が記載されていました。ＡがＢから聞いたところによれば、Ｙは、あらかじめ、本件借用証書の「連帯保証人」欄に署名・押印をして、Ｂに渡しており、平成29年９月１日に上記の借入れにつき、Ｂと連帯して保証したとのことです。なお、ＹはＢのいとこであると聞いています。

ところが、弁済期である平成30年６月15日を過ぎても、ＢもＹも、Ａに何ら支払をしませんでした。

私（Ｘ）は、Ａから懇願されて、平成31年１月９日、この200万円の貸金債権とこれに関する遅延損害金債権を、代金200万円で、Ａから買い受けました。Ａは、Ｂに対し、私にこれらの債権を売ったことを記載した内容証明郵便（平成31年１月11日付け）を送り、同郵便は同月15日にＢに届いたとのことです。

ところが、その後も、ＢもＹも、一向に支払をせず、Ｙは行方不明になってしまいました。私は、まずは自分で、Ｂに対する訴訟を提起し、既に勝訴判決を得ましたが、全く回収することができていません。今般、Ｙの住所が分かりましたので、Ｙに対しても訴訟を提起して、貸金の元金だけでなく、その返済が遅れたことについての損害金全てにつき、Ｙから回収したいと考えています。」

弁護士Ｐは、【Ｘの相談内容】を前提に、Ｘの訴訟代理人として、Ｙに対し、Ｘの希望する金員の支払を求める訴訟（以下「本件訴訟」という。）を提起することを検討することとした。

以上を前提に、以下の各問いに答えなさい。

⑴　弁護士Ｐが、本件訴訟において、Ｘの希望を実現するために選択すると考えられる訴訟物を記載しなさい。

⑵　弁護士Ｐが、本件訴訟の訴状（以下「本件訴状」という。）において記載すべき請求の趣旨（民事訴訟法第133条第２項第２号）を記載しなさい。なお、付随的申立てについては、考慮する必要はない。

⑶　弁護士Ｐは、本件訴状において、請求を理由づける事実（民事訴訟規則第53条第１項）として、以下の各事実を主張した。

㋐　Ａは、Ｂに対し、平成29年９月１日、弁済期を平成30年６月15日、損害金の割合を年10％として、200万円を貸し付けた（以下「本件貸付」という。）。

㋑　Ｙは、Ａとの間で、平成29年９月１日、〔①〕。

㋒　㋑の〔②〕は、〔③〕による。

㋓　平成30年６月15日は経過した。

㋔　平成31年１月〔④〕。

上記①から④までに入る具体的事実を、それぞれ記載しなさい。

⑷　仮に、Ｘが、本件訴訟において、その請求を全部認容する判決を得て、その判決は確定したが、Ｙは任意に支払わず、かつ、Ｙは甲土地を所有しているが、それ以外のめぼしい財産はないとする。Ｘの代理人である弁護士Ｐは、この確定判決を用いてＹから回収するために、どのような手続を経て、どのような申立てをすべきか、それぞれ簡潔に記載しなさい。

〔設問２〕

弁護士Ｑは、本件訴状の送達を受けたＹから次のような相談を受けた。

【Ｙの相談内容】

「⒜　私（Ｙ）はＢのいとこに当たります。

確かに、Bからは、Bが、Xの主張する時期に、Aから200万円を借りたことはあると聞いています。また、Bは、Xの主張するような内容証明郵便を受け取ったと言っていました。しかし、私が、Bの債務を保証したことは決してありません。私は、本件借用証書の「連帯保証人」欄に氏名を書いていませんし、誰かに指示して書かせたこともありません。同欄に押されている印は、私が持っている実印とよく似ていますが、私が押したり、また、誰かに指示して押させたりしたこともありません。

(b) Bによれば、この200万円の借入れの際、AとBは、AのBに対する債権をAは他の者には譲渡しないと約束し、Xも、債権譲受時には、そのような約束があったことを知っていたとのことです。

(c) また、仮に、(b)のような約束がなかったとしても、Bは、既に全ての責任を果たしているはずです。

Bは、乙絵画を所有していたのですが、平成31年3月1日、乙絵画をXの自宅に持っていって、Xに譲り渡したとのことです。Bは、乙絵画をとても気に入っていたところ、何の理由もなくこれを手放すことはあり得ないので、この200万円の借入れとその損害金の支払に代えて、乙絵画を譲り渡したに違いありません。」

以上を前提に、以下の各問いに答えなさい。

(1) ①弁護士Qは、【Yの相談内容】(b)を踏まえて、Yの訴訟代理人として、答弁書（以下「本件答弁書」という。）において、どのような抗弁を記載するか、記載しなさい（当該抗弁を構成する具体的事実を記載する必要はない。）。②それが抗弁となる理由を説明しなさい。

(2) 弁護士Qは、【Yの相談内容】(c)を踏まえて、本件答弁書において、以下のとおり、記載した。

(ア) Bは、Xとの間で、平成31年3月1日、本件貸付の貸金元金及びこれに対する同日までの遅延損害金の弁済に代えて、乙絵画の所有権を移転するとの合意をした。

(イ) (ア)の当時、〔　　　　〕。

上記〔　　　　〕に入る事実を記載しなさい。

(3) ①弁護士Qは、本件答弁書において、【Yの相談内容】(c)に関する抗弁を主張するために、(2)の(ア)及び(イ)に加えて、Bが、Xに対し、本件絵画を引き渡したことに係る事実を主張することが必要か不要か、記載しなさい。②その理由を簡潔に説明しなさい。

〔設問３〕

Ｙが、下記のように述べているとする。①弁護士Ｑは、本件答弁書において、その言い分を抗弁として主張すべきか否か、その結論を記載しなさい。②その結論を導いた理由を、その言い分が抗弁を構成するかどうかに言及しながら、説明しなさい。

記

Ａが本件の貸金債権や損害金をＸに譲渡したのだとしても、私は、譲渡を承諾していませんし、Ａからそのような通知を受けたことはありません。確かに、Ｂからは、「Ｂは、Ａから、ＡはＸに対して債権を売ったなどと記載された内容証明郵便を受け取った。」旨を聞いていますが、私に対する通知がない以上、Ｘが債権者であると認めることはできません。

〔設問４〕

第１回口頭弁論期日において、本件訴状と本件答弁書が陳述された。同期日において、弁護士Ｐは、本件借用証書を書証として提出し、それが取り調べられ、弁護士Ｑは、本件借用証書のＹ作成部分につき、成立の真正を否認し、「Ｙ名下の印影がＹの印章によることは認めるが、Ｂが盗用した。」と主張した。

その後、２回の弁論準備手続期日を経た後、第２回口頭弁論期日において、本人尋問が実施され、Ｙ名義の保証につき、Ｙは、下記【Ｙの供述内容】のとおり、Ｘは、下記【Ｘの供述内容】のとおり、それぞれ供述した（なお、それ以外の者の尋問は実施されていない。）。

【Ｙの供述内容】

「私とＢは、１歳違いのいとこです。私とＢは、幼少時から近所に住んでおり、家族のように仲良くしていました。Ｂは、よく私の自宅（今も私はその家に住んでいます。）に遊びに来ていました。

Ｂは、大学進学と同時に、他の県に引っ越し、大学卒業後も、その県で就職したので、行き来は少なくなりましたが、気が合うので、近所に来た際には会うなどしていました。

平成29年８月中旬だったと思いますが、Ｂが急に私の自宅に泊まりに来て、２日間、滞在していきました。今から思えば、その際に、本件借用証書をあらかじめ準備して、連帯保証人欄に私の印鑑を勝手に押したのだと思います。私が小さい頃から、私の自宅では、印鑑を含む大事なものを寝室にあるタンスの一番上の引き出しにしまっていましたし、私の印鑑はフルネームのものなので、

Bは、私の印鑑を容易に見つけられたと思います。この印鑑は、印鑑登録をしている実印です。Bが滞在した2日間、私が買物などで出かけて、B一人になったことがあったので、その際にBが私の印鑑を探し出したのだと思います。
私は、出版関係の会社に正社員として勤務しています。会社の業績は余り芳しくなく、最近はボーナスの額も減ってしまいました。私には、さしたる貯蓄はなく、保証をするはずもありません。
私は、平成29年当時、Bから、保証の件につき相談を受けたことすらなく、また、Aから、保証人となることでよいかなどの連絡を受けたこともありませんでした。
なお、本件訴訟が提起されて少し経った頃から、Bと連絡が取れなくなってしまい、今に至っています。」

【Xの供述内容】
「YとBがいとこ同士であるとは聞いています。YとBとの付き合いの程度などは、詳しくは知りません。
Bが、平成29年8月中旬頃、Yの自宅に泊まりに来て、2日間滞在したかは分かりませんが、仮に、滞在したとしても、そんなに簡単に印鑑を見つけ出せるとは思いません。
なお、Aに確認しましたら、Aは、Yの保証意思を確認するため、平成29年8月下旬、Yの自宅に確認のための電話をしたところ、Y本人とは話をすることができませんでしたが、電話に出たYの母親に保証の件について説明したら、『Yからそのような話を聞いている。』と言われたとのことです。」

以上を前提に、以下の問いに答えなさい。
弁護士Pは、本件訴訟の第3回口頭弁論期日までに、準備書面を提出することを予定している。その準備書面において、弁護士Pは、前記の提出された書証並びに前記【Yの供述内容】及び【Xの供述内容】と同内容のY及びXの本人尋問における供述に基づいて、Yが保証契約を締結した事実が認められることにつき、主張を展開したいと考えている。弁護士Pにおいて、上記準備書面に記載すべき内容を、提出された書証や両者の供述から認定することができる事実を踏まえて、答案用紙1頁程度の分量で記載しなさい。なお、記載に際しては、本件借用証書のY作成部分の成立の真正に関する争いについても言及すること。

［関係図］

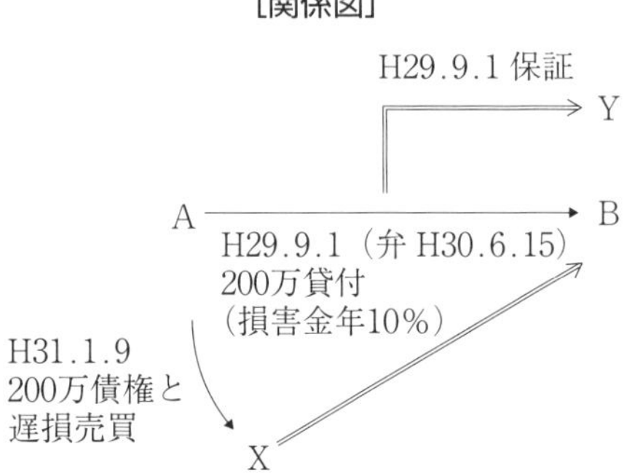

解　説

I　訴訟物～〔設問１〕(1)(2)

1　訴訟物～〔設問１〕(1)

債権譲渡が出題されている。

訴訟物としては、まず、ＡのＢに対する貸金返還請求権がＸに譲渡されている。ＸがＢに対して請求するのであれば、ＸのＢに対するＡ・Ｂ間の貸金返還請求権となる（［基礎編］284頁)。〔設問１〕では、保証人であるＹに対して請求している。通常であれば、「(ＸのＹに対する）保証契約に基づく保証債務履行請求権」となる（［基礎編］154頁)。これらを併せると、訴訟物は、「(ＸのＹに対する）Ａ・Ｙ間の保証契約に基づく保証債務履行請求権」となる。

2　請求の趣旨～〔設問１〕(2)

〔設問１〕では、附帯請求も書くことになっている。ＡはＸに対し、ＡのＢに対する貸金債権200万円とその遅延損害金債権の両者を債権譲渡している。本件消費貸借契約では、無利息、損害金10%の約定となっている。この結果、記載すべき請求の趣旨は、次のとおりとなる。

「Ｙは、Ｘに対し、200万円及びこれに対する平成30年６月16日から支払済みまで年10％の割合による金員を支払え。」

Ⅱ　請求原因〜〔設問１〕(3)

〔設問１〕(3)では、連帯保証契約と債権譲渡が絡む。

1　〔設問１〕(3)①

(い)は、Ｙが保証契約を締結したことである。「連帯保証」をしたと書くのか「保証」と書くのかという問題はあるが、要件事実としては、「保証」で足りると考えられる（[基礎編] 155頁）。

そうすると、①は「Ｂの(あ)の債務を保証することを約した」となる。

2　〔設問１〕(3)②・③

民法446条２項は、「保証契約は、書面でしなければ、その効力を生じない」と定める。同項の解釈として、保証人の保証意思が書面上に示されていれば足りると考えられる（[基礎編] 156頁）。

そうすると、「(い)の意思表示は、書面による」が入り（[基礎編] 156頁）、②は「意思表示」、③は「書面」となる。

3　〔設問１〕(3)④

(お)の問題文を１月で止めているのは、９日か11日か15日かを問うためであろう。債務者対抗要件は、本件貸付債権の譲受けについて、譲受人が債務者対抗要件を備えるまで、その権利行使を阻止する主張であり、譲受債権の請求に対する抗弁に位置づけられる（不動産の二重譲渡と同じ。[基礎編] 292頁）。したがって、請求原因事実としては、債務者対抗要件を気にすることなく、単にＸがＡから債権を譲り受けたことを記載するとよい。債権譲渡でも、普通の売買と同じであり、目的物（債権）と代金額（200万円）を記載することになる。

④は「９日、Ａは、Ｘに対し、本件貸付債権とその遅延損害金債権を代金200万円で売った」となる。

なお、債務者対抗要件を備えた日については、法律効果の発生は意思表示が相手方に到達することが必要である（到達主義。民97条1項。［基礎編］71頁）。内容証明郵便を送った日ではなく、到達した日を記載しなければならない。

Ⅲ　民事執行～〔設問1〕(4)

この年は民事執行法が問われている。民事執行は、判決が確定してからの話であり、問題になりにくいかと思ったが、仮定の話として問うている。

問題文の「どのような手続を経て」というのは、判決が確定した後で、強制執行するにはいかなる手続をとることが必要かということと、それをした後に、どのような申立てをする必要があるかを問うている（［基礎編］265頁参照）。

「簡潔に記載しなさい」と問題文にあるので、執行文の付与の手続を経て、甲土地の差押えの申立てをするということを記載すれば足りるという趣旨であろう。

Ⅳ　抗弁1～〔設問2〕(1)

抗弁事実を整理してみよう。

債権譲渡については、令和2年4月1日施行の平成29年民法改正により、大幅に改正された（［基礎編］286頁）。旧民法では、債権譲渡禁止特約を結ぶと、それに違反して債権譲渡がされた場合、悪意または重過失のある譲受人については譲渡が無効と解されていたが（旧民466条2項参照）、改正後の民法466条2項は、債権譲渡が禁止された債権であっても、債権譲渡の効力は妨げられないこと、債権者は、譲受人であって、譲渡人ではないことを定める。ただし、その例外として、譲渡制限特約につき悪意または重過失のある譲受人に対しては、譲渡制限の特約を主張して、履行を拒むことができ、債権者ではない譲渡人に対して有効に弁済でき、弁済した場合には、それを譲受人に対抗することができることを定める（同条3項）。以下は、改正後の民法を前提とする。

抗弁としては、譲渡制限特約に基づく履行拒絶の抗弁（民466条3項）である。

〔図12〕 ブロックダイアグラム

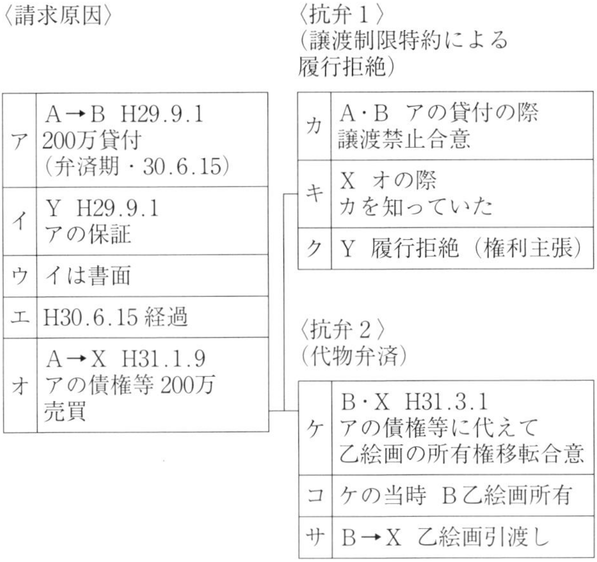

〈請求原因〉

ア	A→B　H29.9.1 200万貸付 (弁済期・30.6.15)
イ	Y　H29.9.1 アの保証
ウ	イは書面
エ	H30.6.15 経過
オ	A→X　H31.1.9 アの債権等 200万 売買

〈抗弁１〉
(譲渡制限特約による
履行拒絶)

カ	A・B　アの貸付の際 譲渡禁止合意
キ	X　オの際 カを知っていた
ク	Y　履行拒絶（権利主張）

〈抗弁２〉
(代物弁済)

ケ	B・X　H31.3.1 アの債権等に代えて 乙絵画の所有権移転合意
コ	ケの当時　B乙絵画所有
サ	B→X　乙絵画引渡し

抗弁となる理由としては、債権は自由に譲渡できるのが原則であり（同条1項)、当事者が債権譲渡を制限する意思表示をしても、債権譲渡の効力は妨げられないが（同条２項)、譲渡制限特約につき悪意または重過失のある譲受人に対しては、その債務の履行を拒むことができる（同条３項)。したがって、譲渡制限特約に基づく履行拒絶の主張は、請求原因から発生する法律効果を阻止できるので、抗弁となる。

V　抗弁２～〔設問２〕(2)(3)

主債務が代物弁済により消滅したとの主張であり、保証人であるＹは、主債務の消滅事由を抗弁として主張することができる（民457条２項)。

代物弁済の法的性質については、「諾成契約説」と「要物契約説」があったが、民法改正により、諾成契約であることが明示された（民482条)。したがって、合意によって代物弁済契約自体は成立し、物の引渡しは、契約の履行として行われるものと理解することになる（[基礎編] 83頁)。

代物弁済による債務の消滅の要件事実は、

> ①　B・X間での代物弁済の合意
> ②　Bが①の当時その物を所有していたこと
> ③　Bが①の合意に基づきXにその物を引き渡したこと

である（[基礎編] 83頁）。

〔設問2〕(2)の(ア)は代物弁済の合意であり、(イ)には「Bは、乙絵画を所有していた」が入る。

代物弁済により本件貸付債権の消滅を主張するためには、乙絵画を引き渡したことを主張する必要がある。代物弁済による本来の債務の消滅という効果が発生するためには、代物の給付が完了していなければならないと考えられるからである。この給付の完了は、対抗要件の具備まで必要と考えられており（最判昭39・11・26民集18巻9号1984頁参照）、動産であれば、対抗要件である引渡し（民178条）が必要となる。

Ⅵ　抗弁3～〔設問3〕

Yの主張は、自己に対する債権譲渡の通知がされるまでは、Xを債権者と認めないというものである。しかし、保証債務は、主債務に対して随伴性を有するため、主債務に付着する事由は、保証人にも主張することができる。〔設問3〕では、Yに対しAから債権譲渡の通知がなかったとしても、主債務者であるBは、AからXに対する債権譲渡の内容証明郵便を受け取っているので、Bに対して生じた事由は、随伴性により、Yに対しても主張することができる。したがって、Yに対してAからXへの債権譲渡の通知がないことを主張しても、Bに対する通知により対抗要件が具備されているので、Yは主張すべきではない。

Ⅶ　事実認定～〔設問4〕

〔設問4〕は、X代理人の立場で、Yが保証契約を締結したことを論じるものである。Xに有利な事情を拾い上げるとともに、不利な事情について反論することになる。なお、問題文の最後に、「本件借用証書のY作成部分の成立の真正に関する争いについても言及すること」とある。成立の真正を争っているのであるから、本件借用証書を認定で使う以上、これを論じるのは当然のことであると思うが、言及しない受験生がいると考えたからであろう。

証拠は、【本件借用証書】、【Yの供述内容】および【Xの供述内容】である。最も重要な証拠は、本件借用証書である。本件借用証書の成立につき、Yは、「成立を否認する。Y名下の印影がYの印章によることは認めるが、Bが盗用した」と主張している。

まず、二段の推定が働くことを記載する。すなわち、Y名下の印影がYの印章によるものであることから、Yが押印したと事実上推認することができる。そして、民事訴訟法228条4項により、本件借用証書のY名義の押印をYがしたと推認することができ、本件借用証書は真正に成立したと考えられる（[基礎編] 340頁）。

その後に、Yが主張する事情について検討することになる。まず、BがYの印鑑を探し出すことが不可能だったことを記載する（Bが1人でYの自宅にいた時間や、Yの自宅の間取り等が不明であり、Bが印鑑を見つけ出すことが真実不可能であったのかははっきりしないが、Xの立場で記載するので、割り切ってよいと考えられる）。Yの母親の供述も、Aからの伝聞であるが、結構重要であり、X代理人としては、そのまま使うことになると考えられる。

法務省公表の出題趣旨

設問1は、保証契約に基づく保証債務履行請求権が問題となる訴訟において、原告の求めに応じた訴訟物、請求の趣旨及び請求原因事実の説明を求めるとともに、確定判決に基づく民事執行手続の基本を問うものである。保証契約や債権譲渡に関する法律要件について、正確な理解を確認するものである。

設問2は、2つの抗弁主張に関し、譲渡禁止特約（譲受人が悪意である場合）、代物弁済等についての民事実体法の要件・効果を踏まえ、抗弁事実の内容やその理由について、自説の立場から丁寧に論ずることが求められる。

設問3は、被告代理人の訴訟活動上の選択に関し、債権譲渡における債務者対抗要件や、保証契約の性質を踏まえながら、本件への当てはめを適切に検討することが求められる。

設問4は、まず、文書に作成名義人の印章により顕出された印影があることを踏まえ、いわゆる二段の推定が働くことや相手方の主張の位置付けについて、事案に即して適切な説明を加える必要がある。その上で、認定根拠に言及しながら、原告に有利・不利な複数の事実を適切に分析・評価して、いわゆる二段の推定が働くこととの関係を意識しつつ、原告代理人の立場から説得的に論述することが求められる。

【参考答案】

〔設問１〕

⑴　Ａ・Ｙ間の保証契約に基づく保証債務履行請求権

⑵　Ｙは、Ｘに対し、200万円及びこれに対する平成30年６月16日から支払済みまで年10％の割合による金員を支払え。

⑶①　Ｂの㈠の債務を保証することを約した。

②　意思表示

③　書面

④　９日、Ａは、Ｘに対し、本件貸付債権とその遅延損害金債権を代金200万円で売った。

⑷　執行文付与の手続（民執26条１項）を経て、甲土地の差押え（同法45条１項）の申立てをする。

〔設問２〕

⑴　（民法改正後の問題とみて、以下、解答する）

①　譲渡制限特約に基づく履行拒絶の抗弁（民466条３項）

②　債権は自由に譲渡できるのが原則であり（民466条１項）、当事者が債権譲渡を制限する意思表示をしても、債権譲渡の効力は妨げられないが（同条２項）、譲渡制限特約につき悪意または重過失のある譲受人に対しては、その債務の履行を拒むことができる（同条３項）。そうすると、Ｘは、債権を譲渡しない約束を知っており、譲渡制限特約につき悪意であるので、Ｙにおいて、Ｘからの請求の履行を拒むことができる。

⑵　Ｂは乙絵画を所有していた。

⑶①　必要

②　代物弁済により本来の債務の消滅という効果が発生するためには、代物の給付が完了していなければならないと考えられる（民482条）。この給付の完了は対抗要件の具備まで必要であり、動産については引渡し（同法178条）が必要となる。

〔設問３〕

① 抗弁として主張すべきでない。

② Ｙの主張は、Ｙに対する債権譲渡の通知がされるまでは、Ｘを債権者と認めないというものである。しかし、保証債務は、主債務に対して随伴性を有するため、主債務に付着する抗弁は、保証人にも主張することができる。本問では、Ｙに対しＡから債権譲渡の通知がなかったとしても、主債務者であるＢはＡからＸに対する債権譲渡の内容証明郵便を受け取っているので、Ｂに対して生じた事由は、随伴性によりＹに対しても主張することができる。したがって、Ｙに対する通知がないことを主張しても、Ｂに対する通知により対抗要件が具備されているので、Ｙは主張すべきではない。

〔設問４〕

1　本件借用証書のＹ名下の印影がＹの印章によることはＹも認めており、事実上、Ｙが押印したものと考えることができる。そして、印鑑は慎重に管理されており、第三者が容易に押印することはできないことからすると、Ｙ名義の押印は、Ｙの意思によって作成されたものと認めることができ、本件借用証書は真正に成立したと推定される（民訴228条４項）。

2　これに対し、Ｙは、ＢがＹの自宅から印鑑を探し出して本件借用証書に押印した旨供述するが、次に述べる各事情からすると、上記推定を覆すに足りるものではない。

⑴　まず、Ｙは、「印鑑を寝室にあるタンスの一番上の引き出しにしまっており、ＢがＹの自宅に滞在した２日間で１人になった時に、探し出したと思う」旨述べる。しかし、Ｂは、最近はＹの近所に来たときにＹと会うという程度の間柄にすぎず、Ｙの実印が自宅の寝室内のタンスの１番上の引き出しにあることを知っているはずがない。ＢがＹの自宅に１人でいたとしても、自宅内からＹの実印を探し出すことは不可能であるといえる。

⑵　Ａは、Ｙの自宅に電話をかけ、Ｙの母親に対し保証の件について説明をしたら、Ｙの母親から「Ｙからそのような話を聞いている」と言われたとのことである。Ｙの母親がＹに不利な作り話をするとは思えず、このことからもＹが保証契約を締結したといえる。

⑶　Ｙは、「勤務先の会社の業績が余り芳しくなく、さしたる貯蓄はなく、保証をするはずがない」旨述べる。しかし、ＹはＢとは１歳違いのいとこであり、幼少期から家族のように仲良くしていたのであり、保証を頼まれれば、それを承諾することも十分あり得ることである。

3　以上のとおり、本件借用証書について、真正に成立したことを妨げるＹ

の立証は不十分なものであり、１記載の推定を覆すことはできず、本件借用証書は真正に成立したと認められ、Ｙが保証契約を締結したと認めることができる。

第 13 講

令和 2 年試験問題

司法試験予備試験用法文を適宜参照して、以下の各設問に答えなさい。ただし、登記上の利害関係を有する第三者に対する承諾請求権（不動産登記法第68条参照）を検討する必要はない。

なお、解答に当たっては、文中において特定されている日時にかかわらず、試験時に施行されている法令に基づいて答えなさい。

〔設問 1〕

弁護士Ｐは、Ｘから次のような相談を受けた。

【Ｘの相談内容】

「私（Ｘ）はＺ県の出身ですが、大学卒業後は仕事の都合でＺ県を離れていました。近年、定年退職の時期が迫り、老後は故郷に戻りたいと考え、自宅を建築するためにＺ県内で手頃な土地を探していたところ、甲土地の所有者であるＡが甲土地を売りに出していることを知り、立地も良かったことから、甲土地を買うことにしました。

私は、令和２年５月１日、Ａから、売買代金500万円、売買代金の支払時期及び所有権移転登記の時期をいずれも同月20日とし、代金の完済時に所有権が移転するとの約定で甲土地を買い受け、同月20日に売買代金を支払いました。なお、所有権移転登記については、甲土地の付近に居住し、料亭を営む私の兄のＢを名義人とした方が都合がよいと考え、ＡやＢと相談の上、Ｂ名義で所有権移転登記を経由することにしました。

ところが、甲土地の購入後、私は、引き続き勤務先で再雇用されることになり、甲土地上に自宅を建築するのを見合わせることにしました。すると、令和７年７月上旬頃、甲土地の隣地に住むＣから、甲土地を使わないのであれば

1000万円で買い受けたいとの申出があり、諸経費の負担を考慮しても相当のもうけがでることから、甲土地をＣに売ることにしました。

私は、早速、Ｃに甲土地を売却する準備にとりかかり、甲土地の登記事項証明書を取り寄せました。すると、原因を令和２年８月１日金銭消費貸借同日設定、債権額を600万円、債務者をＢ、抵当権者をＹとする別紙登記目録（略）記載の抵当権設定登記（以下「本件抵当権設定登記」という。）がされていることが判明しました。

私は、慌ててＢに確認したところ、Ｂは、経営する料亭の資金繰りが悪化したことから、令和２年８月１日、友人のＹから、返済期限を同年12月１日、無利息で、600万円の融資を受けるとともに、甲土地に抵当権を設定したが、返済が滞っているとのことでした。

以上のとおり、甲土地の所有者は私であり、本件抵当権設定登記は所有者である私に無断でされた無効なものですので、Ｙに対し、本件抵当権設定登記の抹消登記手続を求めたいと考えています。なお、Ｂは、甲土地の所有権名義を私に戻すことを確約していますし、兄弟間で訴訟まではしたくありませんので、今回は、Ｙだけを被告としてください。」

弁護士Ｐは、令和８年１月15日、【Ｘの相談内容】を前提に、Ｘの訴訟代理人として、Ｙに対し、本件抵当権設定登記の抹消登記を求める訴訟（以下「本件訴訟」という。）を提起することにした。

以上を前提に、以下の各問いに答えなさい。

(1)　弁護士Ｐが、本件訴訟において、Ｘの希望を実現するために選択すると考えられる訴訟物を記載しなさい。

(2)　弁護士Ｐが、本件訴訟の訴状（以下「本件訴状」という。）において記載すべき請求の趣旨（民事訴訟法第133条第２項第２号）を記載しなさい。なお、付随的申立てについては、考慮する必要はない。

(3)　弁護士Ｐは、本件訴状において、仮執行宣言の申立て（民事訴訟法第259条第１項）をしなかった。その理由を、民事執行法の関係する条文に言及しつつ、簡潔に説明しなさい。

(4)　弁護士Ｐは、本件訴状において、請求を理由づける事実（民事訴訟規則第53条第１項）として、以下の各事実を主張した。

(あ)　Ａは、令和２年５月１日当時、甲土地を所有していた。

(い)　Ａは、〔①〕。

(う)　甲土地について、〔②〕。

上記①及び②に入る具体的事実を、それぞれ記載しなさい。

〔設問２〕

弁護士Ｑは、本件訴状の送達を受けたＹから次のような相談を受けた。

【Ｙの相談内容】

「(a)　私（Ｙ）は、Ｂの友人です。私は、令和２年７月下旬頃、Ｂから、Ｂが経営する料亭の資金繰りに困っているとして、600万円を貸してほしいと頼まれました。私は、他ならぬＢの頼みではありましたが、金額も金額なので、誰かに保証人になってもらうか、担保を入れてほしいと告げました。すると、Ｂは、令和２年５月１日に所有者であるＡから売買代金500万円で甲土地を買っており、甲土地を担保に入れても構わないと述べたため、私は、貸付けに応じることにしました。私は、令和２年８月１日、Ｂに対し、返済期限を同年12月１日、無利息で600万円を貸し付け、同年８月１日、Ｂとの間で、この貸金債権を被担保債権として、甲土地に抵当権を設定するとの合意をしました。ところが、Ｂは、令和４年12月１日に100万円を返済し、令和７年12月25日に200万円を返済したのみで、それ以外の返済をしません。

Ｘは、Ｘが令和２年５月１日にＡから甲土地を買ったと主張していますが、同日にＡから甲土地を買ったのはＸではなくＢであり、私は、所有者であるＢとの間で甲土地に抵当権を設定するとの合意をし、その合意に基づき本件抵当権設定登記を経由したのですから、正当な抵当権者であり、本件抵当権設定登記を抹消する必要はありません。

(b)　仮にＸが主張するとおり、ＢではなくＸが甲土地の買主であったとしても、Ｂは、令和２年８月１日の貸付けの際、甲土地の登記事項証明書を持参しており、私が確認すると、確かにＢが甲土地の所有名義人となっていましたので、私は、Ｂが甲土地の所有者であると信じ、上記(a)で述べたとおり、Ｂに対して600万円を貸し付け、抵当権の設定を受けたのです。仮にＸが甲土地の買主であったとしても、Ｘの意思でＢ名義の所有権移転登記がされたことは明らかですので、今回の責任はＸにあることになります。私は、本件抵当権設定登記の抹消に応じる必要はないと思います。」

弁護士Ｑは、【Ｙの相談内容】を前提に、Ｙの訴訟代理人として、本件訴訟の答弁書（以下「本件答弁書」という。）を作成した。

以上を前提に、以下の各問いに答えなさい。

(1)　①弁護士Ｑは、【Ｙの相談内容】(a)の言い分を本件訴訟における抗弁として主張すべきか否か、その結論を記載しなさい。②抗弁として主張する場合には、どのような抗弁を主張するか、その結論を記載し（当該抗弁を構成する具体的事実を記載する必要はない。）、抗弁として主張しない場合は、その理由を説明しなさい。

(2)　弁護士Ｑは、【Ｙの相談内容】(b)を踏まえて、本件答弁書において、抗弁として、以下の各事実を主張した。

(ア)　Ｙは、Ｂに対し、令和２年８月１日、弁済期を同年12月１日として、600万円を貸し付けた。

(イ)　ＢとＹは、令和２年８月１日、Ｂの(ア)の債務を担保するため、甲土地に抵当権を設定するとの合意をした（以下「本件抵当権設定契約」という。）。

(ウ)　本件抵当権設定契約当時、〔①〕。

(エ)　(ウ)は、Ｘの意思に基づくものであった。

(オ)　Ｙは、本件抵当権設定契約当時、〔②〕。

(カ)　本件抵当権設定登記は、本件抵当権設定契約に基づく。

(i)　上記①及び②に入る具体的事実を、それぞれ記載しなさい。

(ii)　弁護士Ｑが、本件答弁書において、【Ｙの相談内容】(b)に関する抗弁を主張するために、上記(ア)の事実を主張した理由を簡潔に説明しなさい。

〔設問３〕

弁護士Ｐは、準備書面において、本件答弁書で主張された【Ｙの相談内容】(b)に関する抗弁に対し、民法第166条第１項第１号による消滅時効の再抗弁を主張した。

弁護士Ｑは、【Ｙの相談内容】を前提として、二つの再々抗弁を検討したところ、そのうちの一方については主張自体失当であると考え、もう一方のみを準備書面において主張することとした。

以上を前提に、以下の各問いに答えなさい。

(1)　弁護士Ｑとして主張することとした再々抗弁の内容を簡潔に説明しなさい。

(2)　弁護士Ｑが再々抗弁として主張自体失当であると考えた主張について、主張自体失当と考えた理由を説明しなさい。

〔設問４〕

Ｙに対する訴訟は、審理の結果、Ｘが敗訴した。すると、Ｂは、自分が甲土地の買主であると主張して、Ｘへの所有権移転登記手続を拒むようになった。

そこで、弁護士Ｐは、Ｘの訴訟代理人として、Ｂに対して、所有権に基づく妨害排除請求権としての所有権移転登記請求権を訴訟物として、真正な登記名義の回復を原因とする所有権移転登記を求める訴訟（以下「本件第２訴訟」という。）を提起した。

第１回口頭弁論期日で、Ｂは、Ａが令和２年５月１日当時甲土地を所有していたことは認めたが、ＡがＸに対して甲土地を売ったことは否認し、自分がＡから甲土地を買ったと主張した。

その後、第１回弁論準備手続期日で、弁護士Ｐは、書証として令和２年５月20日にＡの銀行預金口座に宛てて500万円が送金された旨が記載されたＸ名義の銀行預金口座の通帳（本件預金通帳）及び甲土地の令和３年分から令和７年分までのＢを名宛人とする固定資産税の領収書（本件領収書）を提出し、いずれも取り調べられ、Ｂはいずれも成立の真正を認めた。

その後、２回の弁論準備手続期日を経た後、第２回口頭弁論期日において、本人尋問が実施され、Ｘは次の【Ｘの供述内容】のとおり、Ｂは次の【Ｂの供述内容】のとおり、それぞれ供述した。

【Ｘの供述内容】

「私はＺ県の出身ですが、大学卒業後は仕事の都合でＺ県を離れていました。近年、定年退職の時期が迫り、老後は故郷に戻りたいと考え、自宅を建築するためにＺ県内で手頃な土地を探していたところ、甲土地の所有者であるＡが甲土地を売りに出していることを知り、立地も良かったことから、甲土地を買うことにし、Ａとの間で、売買代金額の交渉を始めました。最初は、私が400万円を主張し、Ａが600万円を主張していましたが、お互い歩み寄り、代金を500万円とすることで折り合いがつきました。

私は、令和２年５月１日、兄のＢと共にＡ宅を訪れ、Ａと私は、口頭で、私がＡから売買代金500万円で甲土地を買い受けることに合意しました。所有権移転登記については、甲土地の付近に居住し、料亭を営み地元でも顔が広いＢを所有名義人とした方が、建物建築のための地元の金融機関からの融資が円滑に進むだろうと考え、ＡやＢの了解を得て、Ｂ名義で所有権移転登記を経由することにしました。私は、同月20日、私の銀行口座からＡの銀行口座に500万円を送金して、売買代金をＡに支払いました。ところが、甲土地の購入後、私は、引き続き勤務先で再雇用されることになったため、甲土地上に自宅を建築するのを見合わせることにし、甲土地は更地のままになり、金融機関から融資を受けることもありませんでした。

甲土地は、私の所有ですので、令和３年分から令和７年分までその固定資産税は私が負担しています。甲土地は、登記上は、Ｂが所有者であり、Ｂに固定資産税の納付書が届くので、私は、Ｂから納付書をもらって固定資産税を納付していました。」

【Ｂの供述内容】

「私は、Ｚ県内の自己所有の建物で妻子と共に生活をしています。甲土地は、当初は、定年退職の時期が迫り、老後は故郷に戻りたいと考えたＸが、自宅を建てるために購入しようと、Ａとの間で代金額の交渉をしていました。しかし、Ｘは、令和２年の正月、やはり老後も都会で生活したいと考えるようになったので、甲土地の購入はやめようと思う、ただ甲土地は良い物件であるし、Ａも甲土地を売りたがっていると述べて、私に甲土地を購入しないかと打診してきました。

私は、早速甲土地を見に行ったところ、立地もよく、ＸとＡとの間でまとまっていた500万円という代金額も安く感じられたことから、私がＡから甲土地を買うことにしました。

もっとも、令和元年末に私の料亭が食中毒を出してしまい、客足が遠のいており、私自身が甲土地の売買代金をすぐに工面することはできなかったことから、差し当たり、Ｘに立て替えてもらうことになりました。もちろん、私は、資金繰りがつき次第Ｘに同額を返還するつもりでしたが、なかなか料亭の売上げが回復せず、Ｘに立替金を返還することができないまま、今日に至ってしまいました。このことは大変申し訳ないと思っています。

所有権移転登記の名義が私であることからも、私が甲土地の所有者であることは明らかです。なお、甲土地の固定資産税は、私が支払っていると思いますが、税金関係は妻に任せており、詳しくは分かりません。」

以上を前提に、以下の問いに答えなさい。

弁護士Ｐは、本件第２訴訟の第３回口頭弁論期日までに、準備書面を提出することを予定している。その準備書面において、弁護士Ｐは、前記の提出された各書証並びに前記【Ｘの供述内容】及び【Ｂの供述内容】と同内容のＸ及びＢの本人尋問における供述に基づいて、ＸがＡから甲土地を買った事実が認められることにつき、主張を展開したいと考えている。弁護士Ｐにおいて、上記準備書面に記載すべき内容を、提出された各書証や両者の供述から認定することができる事実を踏まえて、答案用紙１頁程度の分量で記載しなさい。

［関係図］

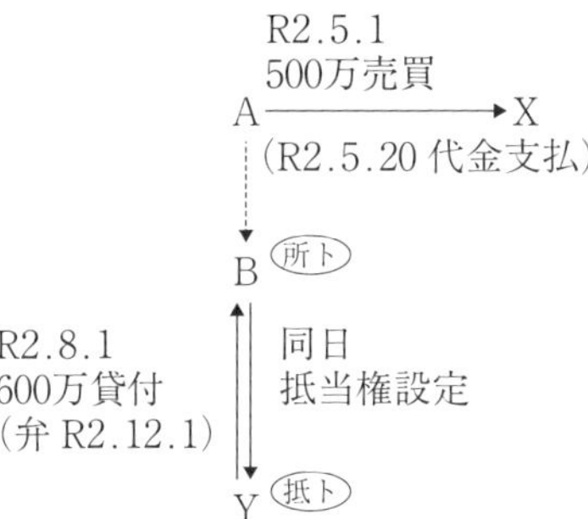

解　説

Ⅰ　訴訟物～〔設問１〕(1)(2)

1　訴訟物～〔設問１〕(1)

〔設問１〕(1)では、Xの知らない間にYに抵当権設定登記がされており、その抹消を求めることになるが、XとY間には契約関係はなく、抵当権設定登記を抹消するためには、所有権に基づいて請求することになる。法的性質は、抵当権が所有権を妨害しているので、妨害排除請求権となる（［基礎編］232頁）。

2　請求の趣旨～〔設問１〕(2)

登記請求の場合は、請求の趣旨がややこしい（97頁、111頁、182頁［基礎編］214頁参照）。

〔設問１〕(2)では、所有権に基づいて抵当権設定登記の抹消を求めているので、登記原因はなく、「Xに対し」も不要である（［基礎編］214頁）。

Ⅱ　民事執行～〔設問１〕(3)

民事執行に関する問題である。

登記手続は、本来、登記権利者と登記義務者の共同で申請すべきであるが

（不登60条）、登記義務者が共同申請に協力しないと申請できないこととなる。そこで、たとえば、甲土地を買った登記権利者は、甲土地を売った登記義務者に対し、所有権移転登記を求めて訴訟を提起するが、それは、登記義務者に対し、登記官に対して登記申請をするという意思表示を求めるものである（同法63条１項参照。［基礎編］214頁）。

意思表示を求める請求であるから、具体的な執行はなく、判決が確定した時に意思表示があったものとみなしている（民執177条１項本文）。つまり、判決が確定すると、判決書が登記義務者の意思表示となるので、後は登記権利者が申請すれば、共同申請ということになる。

Ⅲ　請求原因～〔設問１〕(4)

Ｘは、Ｙに対し、所有権に基づき抵当権設定登記を抹消することを求めている。請求原因は、

Ⓘ　Ｘ所有 Ⓘ　Ｙ名義の抵当権設定登記の存在

である（［基礎編］232頁）。

㈤、㈥で、Ｘ所有を記載する必要があり、①は、「令和２年５月１日、Ｘに対し、甲土地を500万円で売った」が入る。

②は、「Ｙを抵当権者とする本件抵当権設定登記がある」が入る。

Ⅳ　抗弁１～〔設問２〕(1)

(a)の言い分が抗弁となるか、という問題である。つまり、請求原因は、〔設問１〕(4)で問われており、それと両立するかがポイントである。

Ｙの相談内容をみると、「Ｘは、Ｘが令和２年５月１日にＡから甲土地を買ったと主張していますが、同日にＡから甲土地を買ったのはＸではなくＢであり」と主張しており、Ａから甲土地を買ったのが、ＸかＢかという争いをしており、両立する関係にはない。

そうすると、Ｙの主張は、Ａから甲土地を買ったのはＸではなくＢであるというものであり、請求原因のＡ→Ｘの売買と両立せず、これを否認し

ているにすぎず、抗弁には当たらない。

Ⅴ　抗弁２～〔設問２〕⑵

㈲をみると、「本件抵当権設定登記は、本件抵当権設定契約に基づく」とあるので、登記（抵当権）保持権原の抗弁であるとわかる（［基礎編］233頁）。

その要件事実は、

Ⓘ　被担保債権の発生原因事実 Ⓘ　B・Y間で、Ⓘの債権を担保するため、甲土地について抵当権設定契約の締結 Ⓘ　Ⓘの当時、Bが甲土地を所有 Ⓘ　抵当権設定登記がⒾの抵当権設定契約に基づくこと

である。

ところで、Yの相談内容をみると、「Xが甲土地の買主であったとしても、Xの意思でB名義の所有権移転登記がされたことは明らか」という主張であるから、XがB名義で所有権移転登記をしたことを述べており、民法94条２項類推適用による虚偽表示の主張をしていることがわかる。

そうすると、前記のⒾは、次のとおり変更となる（［基礎編］242頁）。

Ⓘ－１　Ⓘの当時、甲土地につきB名義の所有権移転登記の存在 Ⓘ－２　Ⓘ－１の登記は、Xの意思に基づく。 Ⓘ－３　Yは、本件抵当権設定当時、甲土地がBの所有に属さないことを知らなかった。

Ⓘ－１とⒾ－２で、虚偽表示がXの意思に基づくことを現しており、Ⓘ－３で、Yが虚偽表示とは知らなかったことを示している。

この結果、㈠がⒾを、㈡がⒾを、㈢がⒾ－１を、㈣がⒾ－２を、㈤がⒾ－３を、㈲がⒾを示しており、〔設問２〕⑵の解答は、次のとおりとなる。

(i)①　Bに甲土地の所有権移転登記が存在した。

②　甲土地がBの所有に属さないことを知らなかった。

なお、「Bの所有に属さないことを知らなかった」とするか、「Bの所有に属すると信じていた」とするかという点については、［基礎編］109頁のように、中間的な場合（半信半疑。いずれとも確信できない心理状態）をどちらに含めるかという問題であるが、最判昭45・９・22民集24巻10号1424頁は、「買受けにあたり、Ｂの所有に属しないことを知らなかったとき」は、民法94条２項の類推適用により、Ｙは保護されるとしており、「Ｂの所有に属さないことを知らなかった」とするのでよいと考えられる。

(ii)　(ア)の事実を主張したのは、抵当権の附従性からである（［基礎編］233頁）。つまり、抵当権は、特定の債権の担保のために設定されたものであり、その債権の発生を主張したものである。

Ⅵ　再々抗弁～〔設問３〕

民法166条１項１号による５年の消滅時効の再抗弁に対する再々抗弁としては、時効の完成猶予、更新、あるいは時効完成後の債務の承認（時効援用権の喪失）が考えられる。

問題文を読むと、時効に関係しそうなものとしては、①令和４年12月１日に100万円の弁済、②令和７年12月25日に200万円の弁済があげられる。

一方が主張自体失当であり、一方が再々抗弁となることを考える必要がある。

〔図13〕ブロックダイアグラムをご覧いただくと、Ｙは、抗弁として、Ｘに所有権があることを前提として、Ｂに対する貸付金を担保するための抵当権者として抵当権設定登記の保持権限があることを主張している。この結果、抗弁が認められると、Ｘは、ＢのＹに対する債務のために、自ら所有する甲土地を担保に供した物上保証人ということになる。

物上保証人は債務を負っているわけではないので、時効の更新が問題となる場面では、債権者と債務者間に生じた事由を物上保証人が否定することはできない（最判平７・３・10判タ875号88頁。これに対し、保証人については、自ら債務を負っているので、民法457条１項のように、保証人に対して効力を有する規定がいる）。このため、令和４年12月１日のＢのＹに対する100万円の弁済は、物上保証人であるＸに対しても効力を有することになり、ＹはＸに対し時効の更新（民152条１項）を再々抗弁として主張することができる。

〔図13〕　ブロックダイアグラム

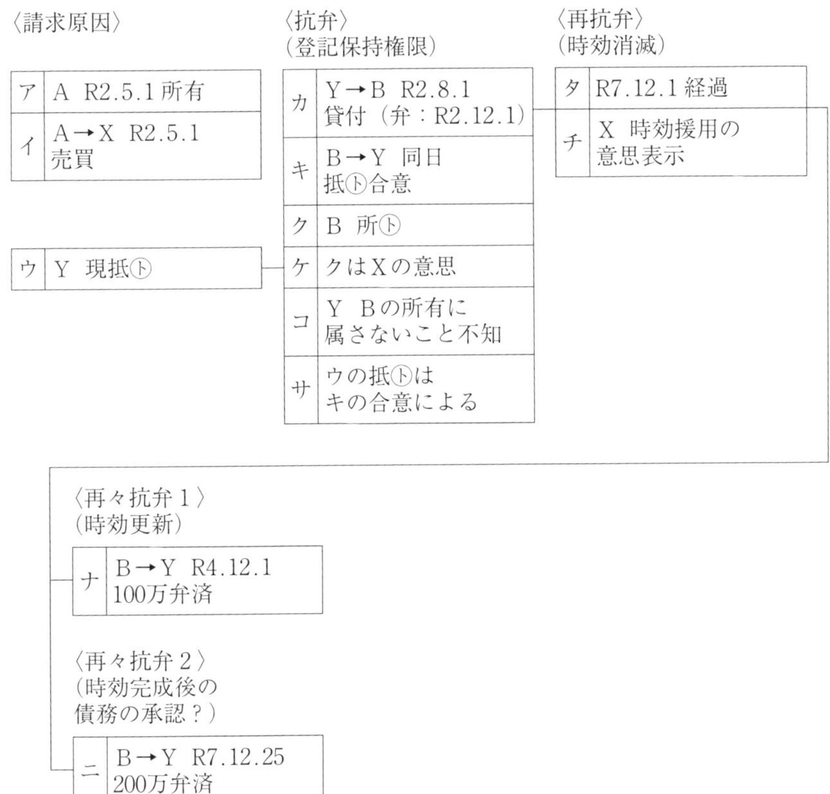

これに対し、時効利益の放棄は、すでに時効が完成しているのであり、各人が時効の援用権を行使するかを個別に主張することができる。この結果、主債務者であるＢは令和７年12月25日に時効完成後の債務の承認をして時効を援用することができなくなっているが、Ｘは時効を援用することができる。したがって、ＢがＹに対して令和７年12月25日に200万円を弁済したことは、再々抗弁にはならない。

（筆者注：本書第２版では初版と別の解答をしており、失礼しました。お詫び申し上げます）。

Ⅶ　事実認定～〔設問４〕

〔設問４〕では、Ｘ代理人の立場で、「本件預金通帳」、「本件領収書」、「Ｘの供述内容」、「Ｙの供述内容」に基づいて、「ＸがＡから甲土地を買った事実が認められる」ことにつき、主張を展開することになっている。

このうち、本件預金通帳の記載は、ＸがＡの銀行預金口座に500万円を送金したというものであり、大きな金額であり、その費用をＸが出したことは、Ｘが甲土地の買主であることを強くうかがわせる。まず、このことを指摘すべきである。この点について、Ｂは、Ｘに立て替えてもらった旨供述するが、その時から５年以上経過しているのに、全く弁済しておらず、いつ支払うという合意の主張もなく、不自然であって、Ｂの供述は信用することができない。

次に、固定資産税を検討するのがよい。固定資産税は土地の所有者にかかる税金であるが、Ｘが本件領収書を証拠として提出しているのであるから、自ら固定資産税を支払ったものと認めることができる。固定資産税を令和３年から７年まで支払っていることは、Ｘが買主であることを示している。この点につき、Ｂは、「私が支払っていると思うが、妻に任せており、詳しくは分からない」と述べるが、あいまいであり、反論になっていない。

他方、Ｘが所有していることをうかがわせる事実に対する反論を検討をしておく必要がある。つまり、甲土地の所有権移転登記がＢ名義になっていることはＢが買ったことをうかがわせるといえる。これに対して、ＢはＸの兄であり、地元でも顔の広いＢ名義で所有権移転登記をした方が地元の金融機関からの融資が円滑に進むだろうと考えたからというＸの供述を反論として挙げることになる。効果的な反論になっているのか疑問なようにも思うが、Ｘの立場で答えることになるので、特に気にする必要はない。

法務省公表の出題趣旨

設問１は、所有権に基づく妨害排除請求権としての抵当権設定登記抹消登記請求権が問題となる訴訟において、原告の希望に応じた訴訟物、請求の趣旨、仮執行宣言の申立ての当否及び請求を理由づける事実について説明を求めるものである。物権的登記請求権の法律要件や意思表示を命ずる判決の効力について正確な理解が問われている。

設問２は、被告の二つの主張に関し、各主張の位置付け及び抗弁となる場合の抗弁事実の内容を問うものである。否認と抗弁の違いについて正確な理解が求められるとともに、実体法及び判例の理解を踏まえて抗弁事実の内容を正確に論ずることが求められる。

設問３は、被告代理人の訴訟活動上の選択に関し、時効の更新の要件効果や時効援用権の喪失に関する判例の理解を踏まえながら、本件への当てはめを適切に検討することが求められる。

設問４は、原告代理人の立場から、請求原因事実が認められることに関し準備書面に記載すべき事項を問うものである。書証及び当事者尋問の結果を検討し、いかなる証拠によりいかなる事実を認定することができるかを示すとともに、各認定事実に基づく推認の過程を、本件の具体的な事案に即して、説得的に論述することが求められる。

【参考答案】

〔設問１〕

⑴　所有権に基づく妨害排除請求権としての抵当権設定登記の抹消登記請求権

⑵　Ｙは、甲土地について、本件抵当権設定登記の抹消登記手続をせよ。

⑶　登記手続請求は、意思表示を求める請求であるから、具体的な執行はなく、判決が確定した時に意思表示があったものとみなしている（民執177条１項本文）。つまり、判決が確定する必要があるので、仮執行宣言の申立てをしなかったのである。

⑷①　令和２年５月１日、Ｘに対し、甲土地を500万円で売った。

②　Ｙを抵当権者とする本件抵当権設定登記がある。

〔設問２〕

⑴①　抗弁として主張すべきでない。

②　Ａから令和２年５月１日に甲土地を買ったのは、Ｘではなく、Ｂであるという主張であり、請求原因のＡ・Ｘ間の売買と両立せず、これを否認しているにすぎず、抗弁には当たらない。

⑵(i)①　Ｂに甲土地の所有権移転登記が存在した。

②　甲土地がＢの所有に属さないことを知らなかった。

(ii)　抵当権の付従性から主張したものである。つまり、抵当権は、特定の債権の担保のために設定されたものであり、その債権を主張したものである。

〔設問３〕

⑴　ＢがＹに対し、令和４年12月１日に100万円を弁済したことによる時効更新事由（民152条１項）。

⑵　令和７年12月25日に200万円を弁済したことによる時効完成後の債務承認（時効援用権の喪失）は、主張自体失当である。

時効利益の放棄は、すでに時効が完成しているのであり、各人が時効の援用権を行使するかを個別に主張することができる。この結果、主債務者であるＢは、平成７年12月25日に200万円を弁済することにより時効完成後の債務の承認をしており、時効を援用することができなくなっているが、物上保証人であるＸは時効を援用することができる。したがって、ＢがＹに対して令和７年12月25日に200万円を弁済したことは、再々抗弁として主張自体失当である。

〔設問４〕

まず、甲土地は500万円と高額な売買であり、その資金を誰が出したかが買主の認定で極めて重要であるが、本件預金通帳から、Ｘが出していることが認められ、Ｘが買主であることを強く推認させる。この点につき、Ｂは、Ｘに立て替えてもらった旨主張するが、５年以上経過しているのに、全く弁済しておらず、いつ支払うという合意もなく、Ｂの供述は信用することができない。

次に、固定資産税は所有者が支払うものであるが、Ｘは、本件領収書を令和３年分から令和７年分まで証拠として提出しているのであるから、５年間もの期間、Ｘが固定資産税を支払ってきたものと認めることができる。この点につき、Ｂは、「私が支払っていると思うが、妻に任せており、詳しくは分からない」と述べるが、あいまいであり、反論になっていない。そうすると、固定資産税を５年間Ｘが支払っていたことは、買主がＸであることを推認させる。

他方、甲土地の所有権移転登記がＢ名義になっていることはＢが買ったことをうかがわせるといえる。しかし、ＢはＸの兄であり、地元でも顔の広いＢ名義で所有権移転登記をした方が地元の金融機関からの融資が円滑に進むだろうと考えたからというＸの供述は、合理性があり、Ｂが売買代金や固定資産税を支払っていないことをも考慮すると、Ａから甲土地を買ったのがＸであると認定する妨げとなるものではない。

第 14 講

令和 3 年試験問題

令和３年と令和４年は、予備試験問題について、受験生（S）が質問し、先生（T）がその解説をする形式で進める。

T　言い分形式の出題では、訴訟物→主張（要件事実）→立証の順で検討することが大切です。重要なことなので、［基礎編］９頁の〔図１〕をもう一度確認しておくといいです。

S　［基礎編］っていうのは、なんですか？

T　あっ、知らないですか……。大島眞一『完全講義　民事裁判実務［基礎編］』（民事法研究会、『新版　完全講義　民事裁判実務の基礎［入門編］〔第２版〕』の改訂に伴い改題）のことで、今回の改訂にあたり、予備試験との関連性を重視したものです。

S　なにか宣伝しているようですが……。

T　まぁ、そんなことより、令和３年の問題の検討を始めましょう。

司法試験予備試験用法文を適宜参照して、以下の各設問に答えなさい。

〔設問１〕

弁護士Ｐは、Ｘから次のような相談を受けた。

【Ｘの相談内容】

「私(X)は、娘の夫であるＹから、会社員を辞めて骨董品店を開業したいので甲建物を貸してほしいと頼まれ、Ｙの意志が固かったことから、これに応ずることにしました。私は、Ｙとの間で、令和２年６月15日、私が所有する甲建物について、賃貸期間を同年７月１日から３年間、賃料を月額10万円として毎月末日限り当月分を支払う、敷金30万円との約定で賃貸借契約（以下「本件賃貸借契約」という。）を締結し、Ｙから敷金30万円の交付を受け、同年７月１日、Ｙに甲建物を引き渡しました。私は、契約締結の当日、市販の賃貸借契約書の用紙に、賃貸期間、賃料額、賃料の支払日及び敷金額を記入し、賃貸人欄に私の氏名を、賃借人欄にＹの氏名をそれぞれ記入して、Ｙの自宅を訪れ、私とＹのそれぞれが自分の氏名の横に押印をし、賃貸借契約書（以下「本件契約書」という。）を完成させました。

Ｙは、間もなく、甲建物で骨董品店を開業しましたが、その経営はなかなか軌道に乗らず、令和２年７月30日に同月分の賃料の一部として５万円を支払ったものの、それ以降は、賃料が支払われることは全くありませんでした。

そこで、私は、Ｙに対し、令和２年７月分から同年12月分までの賃料合計60万円から弁済済みの５万円を控除した残額である55万円の支払を請求したいと思います。私は、支払が遅れたことについての損害金の支払までは求めませんし、私自身が甲建物を利用する予定はありませんので、甲建物の明渡しも求めません。

なお、Ｙは、現在、友人であるＡに対して、令和２年12月２日に壺を売った50万円の売掛債権を有しているものの、それ以外には、めぼしい財産を有していないようです。Ｙは、これまでのところ、この売掛債権の回収に着手しておらず、督促をするつもりもないようですが、Ａがこの代金を支払ってしまうと、私の未払賃料債権を回収する手段がなくなってしまうので心配しています。」

弁護士Ｐは、令和３年１月12日、【Ｘの相談内容】を前提に、Ｘの訴訟代理人として、Ｙに対し、Ｘの希望する金員の支払を求める訴訟（以下「本件訴訟」という。）を提起することにした。

以上を前提に、以下の各問いに答えなさい。

⑴　弁護士Ｐが、本件訴訟において、Ｘの希望を実現するために選択すると考えられる訴訟物を記載しなさい。

⑵　弁護士Ｐが、本件訴訟の訴状（以下「本件訴状」という。）において記載すべき請求の趣旨（民事訴訟法第133条第２項第２号）を記載しなさい。なお、付随的申立てについては、考慮する必要はない。

⑶　弁護士Ｐが、本件訴状において記載すべき請求を理由づける事実（民事

訴訟規則第53条第１項）を記載しなさい。

⑷　弁護士Ｐは、本件訴状において、「Ｙは、Ｘに対し、令和２年７月30日、本件賃貸借契約に基づく同月分の賃料債務につき、５万円を弁済した。」との事実を主張した。

(i)　裁判所は、上記事実の主張をもって、本件訴訟における抗弁として扱うべきか否かについて、結論と理由を述べなさい。

(ii)　(i)のほかに、上記主張は本件訴訟においてどのような意味を有するか。簡潔に説明しなさい。

〔設問２〕

弁護士Ｐは、Ｙから未払賃料を確実に回収するために、Ａに対する売掛債権を仮に差し押さえた上で本件訴訟を提起する方法と、Ｙに代位してＡに対して50万円の売買代金の支払を求める訴えを提起する方法とを検討したが、【Ｘの相談内容】の下線部の事情を踏まえ、後者の方法ではなく、前者の方法を採ることとした。その理由について説明しなさい。

〔設問３〕

弁護士Ｑは、本件訴状の送達を受けたＹから次のような相談を受けた。

【Ｙの相談内容】

「(a)　私(Y)は、Ｘの娘の夫に当たります。

私は、令和２年７月１日から甲建物で骨董品店を営業していますが、Ｘから甲建物を賃借したのではなく、無償で甲建物を使用させてもらっています。したがって、私が甲建物の賃料を支払っていないのは当然のことです。私は、本件契約書の賃借人欄に氏名を書いていませんし、誰かに指示して書かせたこともありません。私の氏名の横の印影は、私の印鑑によるものですが、私が押したり、また、誰かに指示して押させたりしたこともありません。

(b)　ところで、令和３年１月８日、Ｘの知人を名乗るＢが私を訪れました。話を聞くと、令和２年８月１日、Ｘに、弁済期を同年10月15日として、50万円を貸したが、一向に返してもらえないので、督促を続けていたところ、令和３年１月５日、Ｘから、その50万円の返還債務の支払に代えて、私(Y)に対する令和２年７月分から同年12月分までの合計60万円の賃料債権を譲り受けたので、賃料を支払ってほしいとのことでした。もちろん、私は、Ｘから甲建物を賃借したことなどありませんので、Ｂの求めには応じませんでした。もっとも、Ｂの話が真実であれば、仮にＸの言い分のとおり本件賃貸借契約締結の事実が認められたとしても、私が賃料を支払うべき相手はＢであってＸではないので、Ｘからの請求は拒むことができるのではないでしょうか。ただし、私はＸからこの債権譲渡の通知を受けておらず、私がこの債権譲渡を承諾したこともありません。この場合でも、私はＸからの請求を拒めるのか教えてください。

(c)　また、Ｘの言い分が認められるのであれば、私はＸに対して敷金30万円を差し入れていることになるはずです。したがって、Ｘの言い分が認められる場合には、上記敷金返還請求権をもって相殺したいと考えています。」

弁護士Ｑは、【Ｙの相談内容】を前提に、Ｙの訴訟代理人として、本件訴訟の答弁書（以下「本件答弁書」という。）を作成した。

以上を前提に、以下の各問いに答えなさい。

(1)　弁護士Ｑは、【Ｙの相談内容】(b)を踏まえて、本件答弁書において、抗弁を主張した。

(i)　弁護士Ｑが、本件答弁書において、【Ｙの相談内容】(b)に関する抗弁を主張するために主張すべき要件事実（主要事実）を全て記載しなさい。

(ii)　弁護士Ｑは、【Ｙの相談内容】(b)の下線部の質問に対して、「Ｘからの請求を拒むことができる」と回答した。その理由を簡潔に説明しなさい。

(2)　弁護士Ｑは、【Ｙの相談内容】(c)を踏まえて、本件答弁書において抗弁を主張できないか検討したが、その主張は主張自体失当であると考えて断念した。弁護士Ｑが主張自体失当と考えた理由を簡潔に説明しなさい。

〔設問４〕

第１回口頭弁論期日において、本件訴状と本件答弁書が陳述された。同期日において、弁護士Ｐは、本件契約書を書証として提出し、それが取り調べられ、弁護士Ｑは、本件契約書のＹ作成部分につき、成立の真正を否認し、「Ｙ名下の印影がＹの印章によることは認めるが、Ｘが盗用した。」と主張した。

その後、２回の弁論準備手続期日を経た後、第２回口頭弁論期日において、本人尋問が実施され、本件賃貸借契約の締結につき、Ｘは、次の【Ｘの供述内容】のとおり、Ｙは、次の【Ｙの供述内容】のとおり、それぞれ供述した（なお、それ以外の者の尋問は実施されていない。）。

【Xの供述内容】

「Yは、私の娘の夫です。私は、令和２年６月頃、Yから、『この度、会社員を辞めて、小さい頃からの夢であった骨董品店を経営しようと思います。ついては、空き家になっている甲建物を賃貸していただけないでしょうか。』との依頼を受けました。Yの言うとおり、甲建物は長年空き家になっており、時々様子を見に行くのも面倒でしたので、ちょうどよいと思い、Yに賃貸することにしました。その後、私とYは賃料額の交渉を行い、私は近隣の相場を参考にして、月額15万円を提案したのですが、Yからは、採算がとれるか不安なので月額10万円にしてくださいと懇願されたため、これに応ずることにしました。

私は、令和２年６月15日、Yとの間で、私の所有する甲建物について、賃貸期間を同年７月１日から３年間、賃料を月額10万円として毎月末日限り当月分を支払う、敷金30万円との約定で賃貸借契約（本件賃貸借契約）を締結しました。私は、契約締結の当日、市販の賃貸借契約書の用紙に、賃貸期間、賃料額、賃料の支払日及び敷金額を記入し、賃貸人欄に私の氏名を、賃借人欄にYの氏名をそれぞれ記入して準備をして、Yの自宅を訪れ、私とYのそれぞれが自分の氏名の横に押印をして、本件契約書を完成させました。また、私は、その際、Yから現金で敷金30万円の交付を受けています。本来であれば、Yの方が私の自宅に来るべき筋合いでしたが、私は孫への会いたさから、週に２日はYの自宅を訪れていましたので、そのついでに契約書を作成することにしたのです。ちなみに、Yは、この時、いわゆる三文判で押印しておりましたが、契約書を作成するのに礼儀知らずだなと思った記憶があります。

私は、令和２年７月１日、Yに対し、甲建物を引き渡し、Yは甲建物で骨董品店を開業しました。ところが、Yの骨董品店の経営はなかなか軌道に乗らず、同月30日には、同月分の賃料の一部として５万円の支払を受けましたが、それ以降は、賃料が支払われることは全くありませんでした。もっとも、Yは私の娘の夫ですし、開業当初は何かと大変だろうと考え、その年の年末までは賃料の請求をするのを差し控えてきましたが、一言の謝罪すらないまま令和３年になりましたので、本件訴訟を提起することにしました。

なお、最近、私の妻が体調を崩したため、娘はしばしば私の家に泊まって看病をするようになりましたが、Yと私の娘が別居したという事実はありません。」

【Y の供述内容】

「私は、令和２年６月15日、妻の父である X から甲建物を借り、同年７月１日から骨董品店の店舗として使用しています。しかし、甲建物は、X から無償で借りたものであって、賃借しているものではありません。賃貸借契約を締結したのであれば、契約書を作成し、敷金を差し入れるのが通常ですが、私と X との間では甲建物の使用についての契約書は作成されていませんし、私が敷金を差し入れたこともありません。X が書証として提出した本件契約書の賃借人欄の氏名は、明らかに X の筆跡です。私の氏名の横の印影は、確かに私の印鑑によるものですが、これはいわゆる三文判で、X が勝手に押したものだと思います。

令和２年12月中旬だったと思いますが、私と妻が買物に行っている間、X に私の自宅で子どもの面倒を見てもらっていたことがあります。恐らく、X は、その際に、あらかじめ準備しておいた賃貸借契約書の賃借人欄に私の印鑑を勝手に押したのだと思います。この印鑑は、居間の引き出しの中に保管していたのですが、X は週に２日は孫に会いに私の自宅に来ていましたので、その在りかを知っていたはずです。

確かに、私は、令和２年７月30日、X に対し、５万円を支払っていますが、これは、甲建物の賃料として支払ったものではありません。その年の６月頃に X と私の家族で買物をした際、私が財布を忘れたため、急きょ X から５万円を借りたことがあったのですが、その５万円を返済したのです。

私が骨董品店を開業してからも、令和２年の年末までは、X から甲建物の賃料の支払を求められたことはありませんでした。ところが令和３年に入り、私と妻が不仲となり別居したのと時期を同じくして、突然 X が賃料を支払うよう求めてきて困惑しています。私の骨董品店も、次第に馴染みの客が増えており、経営が苦しいなどということはありません。」

以上を前提に、以下の問いに答えなさい。

弁護士 Q は、本件訴訟の第３回口頭弁論期日までに、準備書面を提出することを予定している。その準備書面において、弁護士 Q は、前記の提出された書証並びに前記【X の供述内容】及び【Y の供述内容】と同内容の X 及び Y の本人尋問における供述に基づいて、X と Y が本件賃貸借契約を締結した事実が認められないことにつき、主張を展開したいと考えている。弁護士 Q において、上記準備書面に記載すべき内容を、提出された書証や両者の供述から認定することができる事実を踏まえて、答案用紙１頁程度の分量で記載しなさい。なお、記載に際しては、本件契約書のＹ作成部分の成立の真正に関する争いについても言及すること。

［関係図］

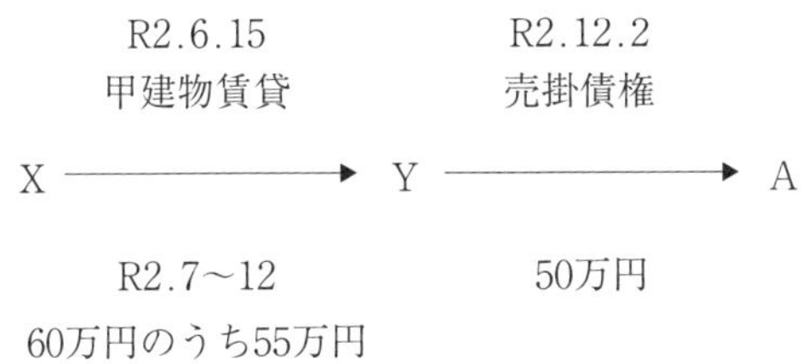

解　説

I　訴訟物

1　訴訟物〜〔設問１〕(1)

Ｔ　訴訟物を問う問題では、問題文をよく読んで、聞かれていることを絶対に間違えないことがまずは必要なポイントです。「賃料合計60万円から弁済済みの５万円を控除した残額である55万円の支払を請求したいと思います」、「支払が遅れたことについての損害金の支払までは求めません」「甲建物の明渡しも求めません」とあるので、解答は、「賃貸借契約に基づく賃料支払請求権」となります。「賃貸借契約に基づく賃料請求権」でも構いません。

Ｓ　問題文中に「賃貸借契約（以下「本件賃貸借契約」という。)」とあるので、本件賃貸借契約に基づく賃料請求権」というのが正確ではないですか？

Ｔ　細かいことを言うね。問題文中に、「(以下「本件賃貸借契約」という。)」という文言が出てきていますので、解答でも、それを使って差し支えないと考えられます。本問では、あと「本件契約書」という用語が出てきます。

質問についてですが、本件の訴訟物は、「ＸのＹに対する本件賃貸借契約に基づく賃料請求権」ということになり、「ＸのＹに対する」というのは、債権譲渡等が問題にならない限り当然のことですので省略します（[基礎編] 284頁)。そうしますと、「本件賃貸借契約に基づく賃料請求権」ということになりますが、こうした点はどちらでもよいと思います。

ようするに、契約関係に基づく請求の場合、売買や賃貸借等の契約に基づくことと、売買代金請求権、賃料請求権というような請求権を記載することが必要です。

物権的請求権に基づく請求の場合は、「返還請求権」、「妨害排除請求権」、「妨害予防請求権」の３種類があります（占有訴権に関する民198～200条参照）ので、「所有権に基づく返還請求権としての土地明渡請求権」というように特定します（[基礎編] 169頁参照)。

2 請求の趣旨～〔設問１〕(2)

T　考慮する必要はないとされている付随的申立てというのは、訴訟費用負担の裁判の申立てと仮執行宣言の申立てを指しますが（[基礎編] 140頁参照)、これまで予備試験に問われたことはなく、これからも問われることはないと考えられます。

S　解答は、「Ｙは、Ｘに対し、55万円を支払え」ということになります。簡単な問題に思えますが……。

T　一部請求なので、「Ｙは、Ｘに対し、60万円のうち55万円を支払え」という誤答を考えたのかもしれません。請求の趣旨は、給付訴訟の場合、執行する場合のわかりやすさの観点から、結論部分のみを記載することになっています。

S　請求の趣旨で難しいのは、登記が関係した場合ですが、まとめてもらえますか。

T　不動産登記をするには、登記原因と日付を記載しなければならない（不登59条３号）とされていますので、請求の趣旨や判決の主文で、登記原因とその日付を記載する必要があります。「Ｙは、Ｘに対し、本件土地（特定を要する）につき、令和５年５月５日売買を原因とする所有権移転登記手続をせよ」というようになります。「所有権移転登記をせよ」としないのは、登記をするのは法務局の登記官で、当事者はその申請手続をするにとどまるからです。

時効取得の場合には、時効の効力は起算日にさかのぼります（民144条）ので、登記原因の日付もさかのぼったものとなります。

所有権移転登記の抹消登記の場合には、その登記を抹消してその前の登記に戻るだけなので、「誰に対し」は不要です。抹消する登記を特定する必要があります。たとえば、「Ｙは、本件土地（特定を要する）につき、別紙登記目録記載の所有権移転登記の抹消登記手続をせよ」というもので、通常別紙として登記目録をつけてそこに抹消すべき登記（登記の受付年月日・受付番号、原因等）を記載して、特定します。抹消の結果、登記はその前の所有者に戻ることになります。

Ⅱ　請求原因〜〔設問１〕(3)

Ｓ　請求原因の問題ですね。

Ｔ　そうです。請求を理由づける事実（民訴規則53条１項）とは、要件事実（主要事実）のことです。同項や２項で出てくる「当該事実に関連する事実」というのが間接事実です。

訴訟物である「賃貸借契約に基づく賃料請求権」の要件事実は、

① 賃貸借契約の締結
② ①の契約に基づく引渡し（使用収益可能な状態においたこと）
③ 賃料支払債務を発生させる一定期間の経過
④ 支払時期の到来

となります（［基礎編］246頁）。

①については、Ｘが、令和２年６月15日、Ｙに対し、甲建物を賃料月額10万円の約定で賃貸することを合意したこと

②については、Ｘは、令和２年７月１日、Ｙに対し、①の賃貸借契約に基づいて、甲建物を引き渡したこと

③、④については、令和２年７月から12月までの各末日は到来したこととなります。

Ｓ　①についてですが、返還時期の合意はいらないのでしょうか。

T　賃貸借契約は、賃貸人がある物の使用および収益を賃借人にさせることを約し、賃借人がこれに対して賃料を支払うおよび引渡しを受けた物を契約が終了したときに返還することを約することによって、その効力が生じます（民601条）。返還時期の合意は求められておらず、賃貸借契約の成立要件ではないと考えられます（[基礎編］246頁）。賃貸の目的物の返還請求をするならば、賃貸借契約が終了したことを主張するために必要となることがありますが、賃料請求については、返還時期の合意は不要です。

②については、[基礎編］246頁を参照してください。

③、④については、「毎月末日限り当月分を支払う」という民法614条と同じ合意ですので、特に意味のある合意とは考えず（[基礎編］56頁参照）期限の到来を主張すれば足ります。

S　③、④についてですが、令和２年12月末日の到来をいえば、それ以前の各月の末日の到来は明らかですから、「令和２年12月末日は到来した」でいいのではないでしょうか？

T　７月分は７月末日の到来により、８月分は８月末日の到来により、９月分は……と続き、「令和２年７月から12月までの各末日は到来した」というのが正確ということになりますが、12月末日が到来していれば、それ以前の末日が到来していることは当然のことですから、最後の「12月末日は到来した」と記載すれば足りるとも考えられます。どちらでもいいと思います。

S　末日の「到来」か「経過」かがよくわからないのですが……。

T　「12月末日に支払う」という合意をした場合、12月末日が到来すれば（12月31日午前０時になれば）、支払を求めることができ、支払が遅れたことによる遅延損害金は12月末日が経過すること（12月31日の午後12時を過ぎること）によって発生します。本問では、遅延損害金を求めずに賃料請求のみですので、末日の到来により請求することができると考えられます。

Ⅲ　抗弁～〔設問１〕(4)(i)

S　今度は、抗弁の問題です。「５万円を弁済した」というのが抗弁になるかという問題です。60万円を訴訟物ととらえると、５万円の弁済は抗弁になりますが……。

T　本問は一部請求の問題です。60万円のうち弁済済みの５万円の支払を受けたので、残額である55万円の支払を求めるというもので、［基礎編］64頁を参照していただきたいのですが、「５万円の支払を受けた」というのは、訴訟物の特定としては不要です。つまり、明示されたもの（55万円）のみが訴訟物であり、60万円のうち５万円の支払を受けたから55万円を請求しようとも、相手方の資力を考えて、60万円の支払は難しいであろうから５万円まけて55万円の請求をしようとも、訴訟物は55万円で変わりはありません。したがって、本件では、令和２年７月から12月までの賃料60万円のうち55万円の支払を求めているのであり、訴訟物は55万円の賃料請求権です。弁済を受けたとする５万円は、訴訟物の対象外であり、抗弁とはなりません。

S　でも、そう考えると、５万円は訴訟の対象外ですから、あとでもう一度訴訟を起こすことができ、問題ではありませんか？

T　Ｘの55万円の請求が認められますと、Ｘは後訴で５万円の請求をすることができ、５万円につき弁済があったといえるかなどが争点となります。他方、Ｘの請求が棄却されますと、ＸのＹに対する55万円の賃料請求権がなかったことに既判力が生じますので、５万円は後訴で訴えを起こしても、訴訟物ではないので既判力に抵触することはありませんが、前訴でＸの賃料請求権60万円が存在しなかったから棄却されたのであって、Ｘの残部請求は、実質的に前訴で認められなかった請求を蒸し返しているにすぎず、信義則に反し許されないと考えられます（最判平10・６・12民集52巻４号1147頁参照）。

Ⅳ　間接事実～〔設問１〕(4)(ii)

S　本問は、「上記主張は本件訴訟においてどのような意味を有するか」というものですが、なにを書くのかと思うんですけど……。

T　確かに、戸惑った方もいると思います。このような場合、民事訴訟の構造を考える必要があります。［基礎編］９頁の〔図１〕を参照いただきたいのです。

「主張」には、主要事実（要件事実）と間接事実があります。まず、(i)で訴訟の対象外であることを示しており、主要事実（要件事実）ではありません。そうすると、その事実は間接事実になるかという問いしか考えられません（ほかに証拠の信用性に関する補助事実もあります）。「立証レベル」では、間接事実と証拠（物証、人証等）に弁論の全趣旨も加えて、当該主要事実が認められるかが判断されます。本問では、本件賃貸借契約に基づく７月分の賃料として５万円の支払が認められますと、主要事実である本件賃貸借契約が締結された事実を推認させる有力な間接事実となりますね。

Ⅴ　民事保全～〔設問２〕

T　今年は、「もう１問」（１頁参照）として、仮差押えの方法と債権者代位の方法を比較する問題です。

Xとしては、Xの債権回収方法として、Yがいかなる不動産や債権を有しているかを調べることになります。弁護士として基本的なことです。せっかく難しい訴訟で勝訴しても、被告がなんの財産も有していないと、訴訟はムダということになります。

S　ムダというのは、言いすぎではないでしょうか。判決書を額に入れて飾っておくとか……。裁判を生涯に１回しか起こさない人なら、それだけの価値があるような気もしますが。

T　まあ、実際のところはどうかは知りませんが、そんなことより、Xから依頼を受けた弁護士としては、Yからいくらかでも金銭を回収する方法を考える必要があります。問題文からは、YがAに対して有する50万円の売掛債権しか目ぼしい財産はないとのことですので、早期に売掛債権を保全するのが基本です。Xにおいて、Yに代位してAに対して売掛債権の支払請求をして勝訴判決を得てから、それを差し押さえようと考えたとしても、XのAに対する売掛債権の代位訴訟中に、YはAから取立てをすることができますので（民423条の５）、取立てがされると売掛債権が消滅してしまいます。債権者代位の訴訟中でも、YはAから取り立てることができることに注意が必要です。それを防止するためには、早期にYがAに対して有する50万円の売掛債権を仮差押えをする必要があります。

仮差押えは、通常、ＹやＡに秘密裏に行われますので、Ｙは「売掛債権の回収に着手しておらず、督促をするつもりもないようです」とのことですから、早期に仮差押えの申立てをすると、その効力が生じる可能性が高いです。

Ⅵ　抗弁～〔設問３〕(1)

［関係図］

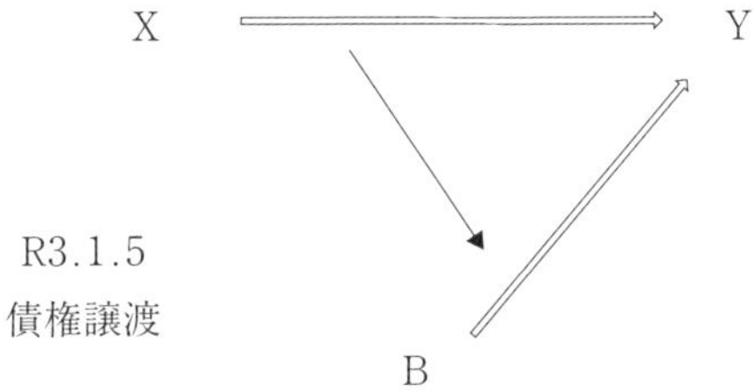

1　〔設問３〕(1)(i)

S　債権譲渡が絡むと苦手なんですけど……。

T　だから、出題されるのかもしれませんね。別に難しいわけではなく、ちょっと検討すべき事項が増えるということです。

本問では、Ｙが主張すべき抗弁としては、ＸのＹに対する賃料債権（請求原因で主張）をＸがＢに譲り渡したので、Ｘは債権者ではないという主張ですね。つまり、

債権譲渡の要件事実は、

①　譲受債権の発生原因事実
②　①の債権の取得原因事実

の２つです（［基礎編］285頁）が、このうち、①の譲受債権の発生原因事実は、請求原因で述べられています（賃料請求権である）。したがって、抗

〔図14〕 ブロックダイアグラム

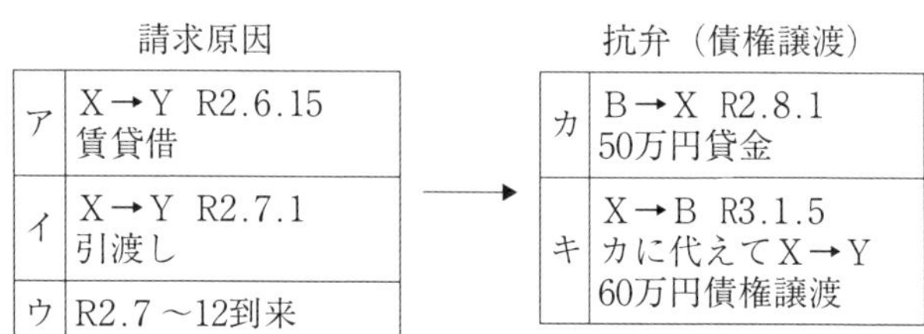

弁で主張する必要はありません。

②の債権の取得原因事実については、

> ㋐　BがXに対し貸金債権を有していること
> ㋑　BとXは、㋐の貸金債務の弁済に代えて、①の賃料債権を譲り渡したこと（代物弁済）

となります。

具体的には、次のとおりです。

> ①　Bは、令和２年８月１日、Xに対し、50万円を貸し渡した。
> ②　XとBは、令和３年１月５日、①の貸金返還債務の弁済に代えて、XのYに対する賃料債権（令和２年７月分～同年12月分）を譲渡する旨合意した。

これにより、Xは債権者ではなくなるという主張です。なお、①で消費貸借契約とその引渡しの両方を表示しています。

2 〔設問３〕(1)(ii)

S　債権譲渡の対抗要件の問題です。でも、ちょっと変わっていて、よくみかけるのは、債権の譲受人が債務者に譲受債権を主張する場合、対抗要件が必要かというものですが、本問は、債務者であるYが、Xから債権譲渡の通知を受けておらず、債権譲渡を承諾したことがないのに、債権譲渡を認めることができるかという問題です。

T　よくみかける問題、つまり債権の譲受人が債務者に譲受債権を主張する場合だと、どうなりますか。

S　債権譲渡があったとする債権の譲受人Ｂが、債務者Ｙに対して権利主張をする場合には、債務者Ｙから対抗要件を具備するまで債権者と認めないという抗弁が出されると、再抗弁で、譲渡人ＸがＹに対して債権譲渡の通知をしたか、またはＹが債権譲渡を承諾したことを主張しなければなりません（［基礎編］292頁）。

T　本問は、債務者であるＹが、Ｘから債権譲渡の通知を受けておらず、債権譲渡を承諾したこともないのに、債権譲渡を認めることができるかという問いであり、対抗要件の意義からして、Ｙから、債権譲渡があったことを認めることはなんら制限されず、ＹはＸからの請求を拒むことができることになります（［基礎編］292頁）。

●「対抗することができない」とは●

民法の勉強を始めて最初につまずきそうな個所です。

当事者間において効力が生じた権利関係を第三者に主張できない、という意味です（大島眞一『民法総則の基礎がため』（新日本法規、2022）22頁参照）。通謀虚偽表示を例に考えてみます。ＸがＹに通謀虚偽表示で所有権移転登記をしても、当事者間では所有権を移転させる意思はないのですから、無効で、所有権はＸのままです（民94条1項）。ところが、それをＹが善意のＺに売った場合、Ｘは無効を善意の第三者に対抗できないことになっており（民94条2項）、ＸからＺに対し、Ｙへの所有権移転が無効であることを主張することができません。他方、Ｚから虚偽表示で無効であるとしてＸの所有に属することを認めることはなんら差し支えありません。

債権譲渡も同様に考えられ、ＸがＹに対する債権をＢに譲渡した場合、ＸがＹにその旨の通知をするか、Ｙが承諾しなければ、ＸからＢへの譲渡をＹに主張することはできず、ＹはＢを債権者とは認めないことができます。これは、ＹがＢを債権者とは認めないことができるというものであって、ＹがＢを債権者と認めることはなんら問題はありません。

Ⅶ　その他～〔設問３〕(2)

S　本問は、敷金返還請求権がいつ発生するか、という問題ですね（[基礎編] 270頁)。敷金返還請求権は、賃貸借契約終了後、賃借人が目的物を返還した時に発生します（民622条の２第１項１号)。本問では、えっっと、どういうことになっていたかな……。〔設問１〕の【Xの相談内容】をみますと、XがYに対して賃料を支払わないとして賃料請求をしており、賃貸借契約が終了したなどといって、甲建物の明渡しを求めている事案ではありません。ですから、本件賃貸借契約は終了しておらず、敷金返還請求権は発生していません。したがって、敷金返還請求権を自働債権とする相殺は理由がないということになります。

T　そのとおりですね。敷金返還請求権は、賃貸借終了後、賃借人が賃貸物を返還したときに発生する（民622条の２第１項１号）ものですから、いまだ本件賃貸借契約は終了しておらず、Y（賃借人）が甲建物（賃貸物）を返還したわけでもなく、敷金返還請求権は発生していませんね。

Ⅷ　事実認定～〔設問４〕

T　こうした事例問題の注意点を３つ。

１つ目は、まず、設問を間違えなく把握すること。問題文は長文ですので、まず設問を読んだほうがよい。設問を踏まえて問題文を読むことが重要です。本問では、弁護士Qが「本件賃貸借契約を締結した事実が認められないこと」につき、主張を述べなければならないことになっています（認められないことに下線が引かれているのは、誤解しないようにという配慮と考えられます)。

２つ目は、何に基づいて主張を展開するかを把握することであり、Xの供述内容とYの供述内容以外に何があるかを把握し、書証があり、成立に争いがある場合には、その成立が認められるか（形式的証拠力）を判断し、それが認められる場合に（平成29年出題はそれが認められず、証拠として使えない事例でした)、実質的証拠力の判断になります（平成30年出題の住民票のように、特に重要とはいえない書証が出されていることもあります)。

３つ目は、主張立証責任の所在から、自ら立証責任を負うのか、真偽不明の状態にすれば足りるのかを把握することです。

これらの点を押さえながら、設問を読むとよいと思います。

S　１つ目は、問題文を読むと、弁護士Ｑが「本件賃貸借契約を締結した事実が認められないこと」につき論じることになっています。２つ目は、書証として「本件契約書」があります。本件契約書については、Ｙの成立に関する認否は、「Ｙ名下の印影がＹの印鑑によることは認めるが、Ｘが盗用した」というものです。いわゆる２段の推定の問題であるとわかります（[基礎編］340頁)。３つ目は、Ｘが本件賃貸借契約を締結した事実を立証する必要がありますので、Ｙは真偽不明の状態にすれば足りると考えられます。

T　――というようなところを整理して、問題にとりかかるということになりますね。当然ながら、本件賃貸借契約が認められることを直接証明する証拠として、本件契約書があります。本件契約書は本件賃貸借契約があったことを推認させる重要な証拠であり、本件契約書の真正な成立がポイントであることがわかります。

S　問題文中に、「本件契約書のＹ作成部分の成立の真正に関する争いについても言及すること」とあるので、それを検討するのがわかります。

T　問題文中に、そのような文言がなくとも、本件契約書のＹ作成部分の成立の真正については、まず検討すべき点であり、当然のことであると思いますが、成立の真正について論じずに本件契約書を認定に使う受験生がいるのでしょうね。それで注意点を記載したのかと思います。成立の真正はどうなりますか。

S　本件契約書の賃借人欄の押印については、Ｙの印鑑が使用されており（Ｙは、「確かに私の印鑑によるものです」と述べています)、印影はＹが押したものと事実上推定され、民訴法228条４項により、本件契約書は真正に成立したものと推定されます（いわゆる２段の推定)。

T　本問は、２段の推定が覆るか（真偽不明の状態にできるか）がポイントですね。

S　Ｙは令和２年７月30日にＸに対し５万円を支払っているが、これは賃料として支払ったものではないということを書くのは、どうでしょうか。

T　それも重要な論点ですが、本件契約書は真正に成立したものと推定されますので、まずはそれを妨げる事実を記載することが大切です。こうした事例問題では、書く順序も重視されると思いますので、重要な点から書くことを忘れてはなりません。本問では、２段の推定が働きますので、このままではＹは負けてしまいます。まず、最初に、本件契約書の真正な成立を妨げるべき事実から記載する必要があります。問題文からそれを拾い挙げると、どうなりますか。

S　Ｙが本件契約書に押したＹの印鑑がいわゆる三文判であることが挙げられます。たとえば、「山田太郎」としますと、「山田」という印鑑はどこにでも売っています。でも、「九文字彦左衛門」という名前としますと、三文判でもそのような印鑑を見つけるのは難しいような気がします。本問では、Ｙというのは、珍しいですね……。

T　Ｙというのは、当然ながら、なんらかの名字であったのを被告なのでＹとしていると考えられますが、そこまで検討すべきことではないでしょう。Ｙの印鑑がいわゆる三文判であることを挙げれば足ります。ほかに、本件契約書をめぐってなにかありませんか。

S　ほかには……。

T　本件契約書のＹの署名につき、Ｘの筆跡であるという点があります（Ｘも「賃借人欄にＹの氏名を記入して準備をし」と供述しており、それを認めています）。通常、重要な書類は自ら署名するものであること、Ｘの供述内容によると、現実にＹが自ら印鑑を押しているのに、氏名をＸが記載するのは明らかに不自然であることが挙げられますね。【Ｘの供述内容】にも注意してください。本件契約書をめぐっては以上のところですね。それ以外の事実関係はどうですか。

S　Ｙの供述内容第２段落の理由、つまり、令和２年12月中旬頃にＹとその妻が買物に行った際、ＸにＹの自宅で子どもの面倒をみてもらったことがありますが、Ｘは、週に２日は孫に会うためにＹの自宅に来ており、居間の引出しの中に保管されていた印鑑のありかを知っていたと考えられること、が挙げられます。でも、Ｘの留守中にＹに自宅で子どもの面倒をみてもらったことから、Ｙが印鑑のありかを知っていたと推認するのは、「人を見れば泥棒と思え」という感じで、なにかすっきりしませんが。

Ｔ　ここでは裁判官の立場ではなく、Ｙ代理人の立場で記載しますので、まずは自己の依頼者の言い分が正しいことを前提にして答えることになります。裁判官の立場でという出題は平成25年に出されていますが、採点が難しかったのか、それ以降は出題されておらず、いずれかの代理人の立場で、という出題ですね。代理人の立場でということになれば、書くべき内容は決まってきますから、採点がしやすいという面があるのかもしれません。ほかに何かありますか。

Ｓ　先ほど言いかけましたが、Ｙの供述内容第３段落。これは、Ｘが令和２年７月30日に５万円を弁済したことの反論になっています。つまり、６月頃に、Ｙが財布を忘れたために、急きょＸから５万円を借りたことから、それを弁済したというものです。

それと、Ｙの供述内容第４段落。これは、Ｙと妻（Ｘの子）が不仲になったことから、令和３年に入って突然Ｘが賃料の支払を求めてきたのであって、Ｙの骨董品店の経営が苦しいということはないことが挙げられます。

あと、Ｙと妻（Ｘの子）が別居したかについて、ＸとＹの供述内容は食い違っています。Ｙは別居を主張していますが、Ｘは別居を否定しています。

Ｔ　証拠関係は、本件契約書のほか、【Ｘの供述内容】、【Ｙの供述内容】しかありませんから、Ｙと妻（Ｘの子）が別居したかについては定かではありませんね。Ｘは、Ｘの妻が体調を崩したので、娘（Ｙの妻）がＸの家に泊まって看病をしていただけであるという言い分ですので、その可能性もあります。「別居」は、本問では、客観的に別に住んでいるという事実のほか、主観的にその理由（不仲か看病のためか）も問題になりますので、明確でないことも考えられます。いずれにしましても、Ｙと妻（Ｘの子）が令和３年に入り不仲を理由に別居していれば、令和３年になって突然Ｘが賃料の支払を求めてきたことを推認させる一つの事情になりますが、本問では明らかではありませんので、取り上げることではないと思います。以上のようなところかと思います。

S　どういう形でまとめるといいですか？

T　まとめとしましては、本件契約書のＹ作成部分につき成立の真正を認めることはできないとしたうえで、ほかに、Ｙが本件賃貸借契約を締結したと認めるに足りる証拠はない、とするのが良いと思います。本件契約書以外の全証拠（といっても、【Ｘの供述内容】、【Ｙの供述内容】しかありませんが）によっても、本件賃貸借契約を締結した事実を認めることはできない、という趣旨です。

S　（参考答案を見て）あのぉー、第４問の解答は１頁程度と指定されていますが、量が多すぎるのではありませんか。

T　失礼しました。適宜はしょっていただいて、よろしくお願いします。

法務省公表の出題趣旨

設問１は、賃貸借契約に基づく賃料支払請求権が問題となる訴訟において、原告の希望に応じた訴訟物、請求の趣旨、請求を理由づける事実及び一部弁済の主張の訴訟上の位置付けについて説明を求めるものである。賃貸借契約に関する法律要件や一部請求と一部弁済との関係について正確な理解が問われている。

設問２は、債権回収の手段について原告代理人としての選択を問うものである。債権者代位権の行使及び仮差押えの効果についての正確な理解が求められる。

設問３は、被告の二つの主張に関し、各主張の位置付けや抗弁となる場合の抗弁事実の内容を問うものである。実体法及び判例の理解を踏まえながら、本件への当てはめを適切に検討することが求められる。

設問４は、被告代理人の立場から、本件賃貸借契約を締結した事実が認められないことに関し準備書面に記載すべき事項を問うものである。文書に作成名義人の印章により顕出された印影があることを踏まえ、いわゆる二段の推定が働くことを前提として、自らの主張の位置付けを明らかにすることが求められる。その上で、いかなる証拠によりいかなる事実を認定することができるかを示すとともに、各認定事実に基づく推認の過程を、本件の具体的な事案に即して、説得的に論述することが求められる。

【参考答案】

〔設例1〕

(1) 賃貸借契約に基づく賃料支払請求権

(2) Ｙは、Ｘに対し、55万円を支払え。

(3)① Ｘは、令和２年６月15日、Ｙとの間で、甲建物を賃料月額10万円の約定で賃貸することを合意した。

② Ｘは、令和２年７月１日、Ｙに対し、①の賃貸借契約に基づき、甲建物を引き渡した。

③ 令和２年７月から12月までの各末日は到来した。

(4)(i) 抗弁として扱うべきではない。

本件では、令和２年７月分から12月分までの賃料60万円のうち55万円の支払を求めているものであり、訴訟物は55万円の賃料支払請求権である。したがって、弁済を受けたとする５万円は、訴訟物の対象外であり、抗弁とはならない。

(ii) 本件賃貸借契約に基づく７月分の賃料として５万円の支払が認められると、本件賃貸借契約が締結された事実を推認させる有力な間接事実となる。

〔設問２〕

Ｙは売掛債権の回収に着手していないので、Ｘとしては、ＸのＹに対する賃料請求権を被保全債権として、ＹのＡに対する売掛債権を仮差押えしたうえで、本件訴訟を提起するのが相当である。なぜなら、Ｘは、Ｙに代位してＡに対して売掛債権の支払請求をして勝訴判決を得てから、Ｙの唯一の財産であるＡに対する売掛債権を差し押さえようとしても、Ｙは自ら取立てをすることができるので（民423条の５）、取立でがされると売掛債権が消滅し、賃料債権を回収する手段がなくなってしまうため、それを防止する必要があるからである。

〔設問３〕

(1)(i)① Ｂは、令和２年８月１日、Ｘに対し、50万円を貸し渡した。

② ＸとＢは、令和３年１月５日、①の貸金返還債務の弁済に代えて、賃料債権（令和２年７月分～同年12月分）を譲渡する旨合意した。

(ii)　Ｙは、Ｘから債権譲渡の通知を受けておらず、債権譲渡を承諾したこともなく、ＢはＹに対し債権譲渡を対抗できないが、Ｙから、債権譲渡があったことを認めることはなんら制限されないので、ＹはＸからの請求を拒むことができる。

(2)　敷金返還請求権は、賃貸借終了後、賃借人が賃貸物を返還したときに発生する（民622条の２第１項１号）。ＸとＹ間の賃貸借契約は現在も続いているので、敷金返還請求権はいまだ発生しておらず、敷金返還請求権を自働債権とする相殺は理由がない。

〔設問４〕

本件契約書の賃借人欄の押印については、Ｙの印鑑が使用されており、印影はＹが押したものと事実上推定され、民訴法228条４項により、本件契約書は真正に成立したものと推定される（いわゆる二段の推定）。

しかし、次の各事情からすると、本件契約書にＹが押印したとの推定は覆ったものと考えられる。

①　まず、賃貸借契約書という重要な書類に押印するにあたり、通常実印が使われると考えられるのに、Ｙの印鑑はいわゆる三文判である。そして、Ｘは、週に２日は孫に会うためにＹの自宅に来ており、Ｙの印鑑のありかを知っていたと考えられること、令和２年12月中旬頃にＹとその妻が買物に行った際、ＸにＹの自宅で子どもの面倒をみてもらったことがあることからすると、Ｘは、Ｙとその妻が留守中に、Ｙの印鑑を引出しから出して押印したものと考えることができる。

また、本件契約書のＹ名義の署名につき、Ｘの筆跡であり（Ｘもそれを認めている）、通常、重要な書類の賃借人欄には自ら署名するものであることからすると、明らかに不自然である。

②　Ｙは、令和２年７月１日から骨董品店を営業しているが、同年末まで賃料の請求を受けたことはない。令和３年に入り、Ｙと妻（Ｘの子）が不仲になったので、Ｘは突然賃料請求をしているにすぎない。Ｘは、開業当初は大変だと思い、Ｙに対し賃料の請求を差し控えたと主張するが、Ｙの骨董品店は、次第に馴染みの客が増えており、経営が苦しいということはなく、Ｙは賃料を支払う能力を十分に有していた。

③　Ｙは令和２年７月30日にＸに対し５万円を支払っているが、これは賃料として支払ったものではない。同年６月頃にＸとＹの家族で買物をした際、Ｙが財布を忘れていたため、急きょＸから５万円を借りたものであり、そ

れを弁済したにすぎない。

以上からすると、本件契約書について、賃借人欄のY名義の押印はXがYの了承を得ずに押印したということができ、成立の真正を認めることはできない。ほかに、Yが本件賃貸借契約を締結したと認めるに足りる証拠はない。

☘*Coffee Break* 法科大学院のすゝめ

私は神戸大学法学部を3年次で早期卒業し、令和2年に同大学法科大学院に進学しました。そして、令和4年に法科大学院を修了し、同年に無事に司法試験に合格することができました。

早い段階から本書を読まれている優秀な皆さんのなかには、予備試験を受験しようか、法科大学院に進学しようかと悩まれている方もいるのではないでしょうか。私はそのような悩みを抱えている方々に、法科大学院へ進学することをお勧めしたいと思います。

私は予備試験には合格しておらず、予備試験と法科大学院とを比較してお話することはできません。確かに、どちらにも良い側面、悪い側面があると思います。しかし、もし私がもう一度法学部からやり直せといわれれば、法科大学院に進学するだろうと確信しています。

法科大学院の最大の魅力は、大学の先生方による質の高い授業により、知識を深められることにあると思います。学部段階では、たとえば判例の規範は覚えていても、事実関係の説明ができなかったり、場合によっては規範の意味を正確に理解せずに論述したりする方もいるのではないでしょうか。私もそうでした。しかし、法科大学院へ進学し、判例の意味、事実関係の確認の大切さ等、学ぶことが数多くありました。さらに、法科大学院では、大学の先生方だけでなく実務家教員の先生方による授業も設けられており、実務の動きや手続に沿った、より実践的な授業を受けることができます。

私は手続法が苦手でしたが、裁判演習の授業で実際の裁判の流れを確認しつつ学習を進めた結果、司法試験受験前には苦手意識がなくなっていました。それだけでなく、先生方との対話や友人との議論を通して、自身の勉強方法や将来への展望に関し視野を大きく広げることができました。

また、法科大学院在学中であっても予備試験受験の機会が失われるわけではありません。私の友人にも、法科大学院在学中に予備試験に合格した人がいます。

ちなみに、法科大学院の魅力的な部分だけをお伝えするのも良くないと思いますので、反対にあまり良くない部分も少しだけお話しておきます……（笑）。それは、閉鎖的な環境・空間のなかで勉強をし続けなければならないため、辛く息苦しくなってくることです。おそらく大半の法科大学院生が感じていることだと思います。私も、受験前に勉強を放り出したくなり、大学の先生に相談しに行きましたが、それでも机に向かうようにと激励（？）をいただきました（笑）。司法試験受験を終えた今思うことは、勉強を継続するうえでは、適度な息抜きや気分転換がとても大切だということです。勉強が辛くなったときは、自分なりに対処する方法を身につけておいたほうが良いと思います。

勉強をするうえでは法科大学院が良い環境であることは間違いないと思います。このコラムに目を通してくださった皆さん、ぜひ法科大学院への進学を検討してみてください。

（久野夏樹・76期司法修習生）

♣*Coffee Break*　法科大学院か？　予備試験か？

法学部を３年で終えて進学することが可能な法科大学院が一般化し、令和５年から法科大学院在学中に司法試験受験が可能となり、以前と比べ、法科大学院に進学しても最短で約２年早く司法修習生になることができるようになった。

こうした状況を踏まえ、司法試験をめざす人にとって、①予備試験のみを受けるのか、②法科大学院に進学しつつ予備試験を受けるのか、③久野夏樹さんのように法科大学院に進学して予備試験を受けないのか、という選択肢のいずれを選ぶかを考える必要がある（今後、法科大学院在学中に司法試験を受験できることを考えると、②の選択肢は、法科大学院に既修者で入学する場合には、早期に司法試験に合格するために法科大学院１年目で予備試験を受けるメリットはないことになる）。

本書の購読者として、専ら予備試験受験生を念頭においており、「はじめに」で、予備試験に合格すれば97％以上が司法試験に合格することを記載した。ところが、予備試験そのものの合格率は3.6％（令和４年で受験者数

１万3004人、合格者472人）と相当低い（もっとも、予備試験は大学を卒業しなくとも誰でも受験できるので、１回試しに受験してみようというおよそ合格することを想定していない者も相当数含まれていると考えられるので、そうした者を除いた実質の合格率は3.6%をかなり上回るものと思われる)。

予備試験は、試験内容や試験時間等を考えると、司法試験以上に出題内容によって合格者は変動し得るものと思われ、真に合格を考えている者にとっては、予備試験のみを受験し続けるというのは危険が大きいように思う。予備試験を受験せず（合格せず）に大学を卒業する場合、久野さんが述べるように、法科大学院での充実した授業内容等を考えると、法科大学院に進学して司法試験をめざすのが賢明ではなかろうか。

ともかく、法科大学院か予備試験かは難しい選択であるが、後悔のないようによく考えていただければと思う。

（大島眞一）

第 15 講

令和 4 年試験問題

S　令和４年は、例年と比べて、かなり問題の傾向が変わっているように思いますが……。

T　そのとおりで、民訴法固有の問題も出されていますし、何を書くのかという問題もあるように思いますが、受験生としては、出題された問題に対応するしかないので、頑張って解いていくことにしましょう。

司法試験予備試験用法文を適宜参照して、以下の各設問に答えなさい。

〔設問１〕

弁護士Ｐは、Ｘから次のような相談を受けた。

【Ｘの相談内容】

「私は、建物のリフォームを仕事としています。私は、Ｙとは十年来の付き合いで、Ｙが経営する飲食店の常連客でもありました。私は、令和３年の年末頃、Ｙから、Ｍ市所在の建物（以下「本件建物」という。）を飲食店に改修するための外壁・内装等のリフォーム工事（以下「本件工事」という。）について相談を受け、令和４年２月８日、本件工事を報酬1000万円で請け負いました。

令和４年５月28日、私は、本件工事を完成させ、本件建物をＹに引き渡し、本件工事の報酬として、1000万円の支払を求めましたが、Ｙは、700万円しか支払わず、残金300万円を支払いませんでした。私は、本件工事の報酬の残金300万円と支払が遅れたことの損害金全てをＹに支払ってほしいと思います。」

弁護士Ｐは、令和４年８月１日、【Ｘの相談内容】を前提に、Ｘの訴訟代理人として、Ｙに対し、Ｘの希望する金員の支払を求める訴訟（以下「本件訴訟」という。）を提起することとした。

以上を前提に、以下の各問いに答えなさい。

(1)　弁護士Ｐが、本件訴訟において、Ｘの希望を実現するために選択すると考えられる訴訟物を記載しなさい。

(2)　弁護士Ｐが、本件訴訟の訴状（以下「本件訴状」という。）において記載すべき請求の趣旨（民事訴訟法第133条第２項第２号）を記載しなさい。なお、付随的申立てについては、考慮する必要はない。

(3)　弁護士Ｐが、本件訴状において記載すべき請求を理由づける事実（民事訴訟規則第53条第１項）を記載しなさい。なお、いわゆるよって書き（請求原因の最後のまとめとして、訴訟物を明示するとともに、請求の趣旨と請求原因の記載との結びつきを明らかにするもの）は記載しないこと。

(4)　弁護士Ｐが、本件訴状において請求を理由づける事実として、上記(3)のとおり記載した理由を判例を踏まえて簡潔に説明しなさい。なお、訴訟物が複数ある場合は、訴訟物ごとに記載すること。

〔設問２〕

以下、ＸがＹとの間で、令和４年２月８日に締結した報酬を1000万円とする本件工事の請負契約を「本件契約」という。

弁護士Ｑは、本件訴状の送達を受けたＹから次のような相談を受けた。

【Ｙの相談内容】

「(a)　Ｘは、令和４年５月28日、本件工事を完成させ、私は、同日、本件建物の引渡しを受け、Ｘに700万円を支払いました。しかし、私がＸとの間で締結したのは、報酬を700万円とする本件工事の請負契約であり、本件契約ではありません。

私は、本件建物で飲食店を営業したいと考え、令和３年の年末頃、Ｘに本件建物のリフォーム工事について相談をしました。Ｘが本件建物を見た上で、本件工事は700万円程度でできると述べたので、私は、令和４年２月８日、Ｘとの間で、報酬を700万円とする本件工事の請負契約を締結しました。したがって、私が本件工事の報酬としてＸに支払うべき金額は、1000万円ではなく700万円であり、未払はありません。

仮に、Ｘと私との間で、本件契約が締結されたというのであれば、Ｘ

は、令和4年5月28日、次のようなやり取りを経て、私に本件工事の報酬残金300万円の支払を免除しましたので、私はそれを主張したいと思います。

私は、令和4年5月28日、本件建物の引渡しを受ける際、本件建物の外壁に亀裂があるのを発見しました。私がその場で、Xに対し、外壁の修補を求めたところ、Xは、この程度の亀裂は自然に発生するもので修補の必要はないと言い、本件工事の報酬1000万円を支払うよう求めてきました。私は、本件工事の報酬は700万円だと思っていましたので、それを強く言うと、Xは、そのようなことはないなどと言っていましたが、最終的には、『700万円でいい。残りの300万円の支払はしなくてよい。』と言いましたので、私は、700万円を支払って、本件建物の引渡しを受けました。

(b) 本件建物の外壁の亀裂は、その後、とんでもないことになりました。

令和4年6月初旬、雨が降り続いた際、本件建物の外壁の亀裂が原因で雨漏りが生じました。私は、このままでは安心して本件建物で営業ができないと思い、同月10日、Xに対し、本件建物の外壁の亀裂から雨漏りが生じたことを伝え、外壁の修補を求めましたが、Xから断られましたので、損害賠償を請求する旨を伝えました。そして、私は、本件建物の外壁の補修工事を別の業者に依頼し、その報酬として350万円を支出しました。」

弁護士Qは、【Yの相談内容】を前提に、Yの訴訟代理人として、本件訴訟の答弁書(以下「本件答弁書」という。)を作成した。

以上を前提に、以下の各問いに答えなさい。

(1) 弁護士Qは、【Yの相談内容】(a)を踏まえて、抗弁を主張することとした。その検討に当たり、本件訴訟において、抗弁として機能するためには、以下の(ア)及び(イ)の事実が必要であると考えた。

(ア) 〔　　　　　　〕

(イ) Xは、Yに対し、令和4年5月28日、本件契約に基づく報酬債務のうち300万円の支払を免除するとの意思表示をした。

(i) (ア)に入る具体的事実を記載しなさい。

(ii) 弁護士Qが、(ア)の事実が必要であると考えた理由を簡潔に説明しなさい。

(2) 弁護士Qは、【Yの相談内容】(b)から、YはXに対し、契約不適合を理由とする債務不履行に基づく350万円の損害賠償債権を有すると考えた。弁護士Ｑがこの350万円の回収方法として、本件訴訟手続を利用して選択できる訴訟行為を判例を踏まえて挙げなさい。

〔設問３〕

本件訴訟の第１回口頭弁論期日において、本件訴状及び本件答弁書等は陳述された。弁護士Ｐは、その口頭弁論期日において、本件工事の報酬の見積金額が1000万円と記載された令和４年２月２日付けのＸ作成の見積書（以下「本件見積書①」という。）を書証として提出し、これが取り調べられたところ、弁護士Ｑは、本件見積書①の成立を認める旨を陳述した。

これに対し、弁護士Ｑは、本件訴訟の第１回弁論準備手続期日において、本件工事の報酬の見積金額が700万円と記載された令和４年２月２日付けのＸ作成の見積書（以下「本件見積書②」という。）を書証として提出し、これが取り調べられたところ、弁護士Ｐは、本件見積書②の成立を認める旨を陳述した。

本件訴訟の第２回弁論準備手続期日を経た後、第２回口頭弁論期日において、本人尋問が実施され、本件契約の締結に関し、Ｘは、次の【Ｘの供述内容】のとおり、Ｙは、次の【Ｙの供述内容】のとおり、それぞれ供述した（なお、それ以外の者の尋問は実施されていない。）。

【Ｘの供述内容】

「私は、令和３年の年末頃に、Ｙから本件建物を飲食店にリフォームをしてもらえないかと頼まれ、本件建物を見に行きました。Ｙは、リフォームの費用は銀行から融資を受けるつもりなので、できるだけ安く済ませたいと言っていました。私は、Ｙの要望のとおりのリフォームをするのであれば1000万円を下回る報酬額で請け負うのは難しいと話し、本件工事の報酬金額を1000万円と見積もった本件見積書①を作成して、令和４年２月２日、Ｙに交付しました。Ｙが同月８日、本件工事を報酬1000万円で発注すると言いましたので、私は、同日、本件工事を報酬1000万円で請け負いました。見積金額が700万円と記載された本件見積書②は、Ｙから、本件建物は賃借している物件なので、賃貸人に本件工事を承諾してもらわなければならないが、大掛かりなリフォームと見えないようにするため、外壁工事の項目を除いた見積書を作ってほしいと頼まれて作成したものです。実際、私は、本件工事として本件建物の外壁工事を実施しており、本件見積書②は実体と合っていません。私は、Ｙは本件見積書①を銀行に提出し、同年５月初旬に銀行から700万円の融資を受けたと聞いていますが、本件見積書②を賃貸人に見せたかどうかは聞いていません。私は、契約書を作成しておかなかったことを後悔していますが、私とＹは十年来の仲でしたので、作らなくても大丈夫だと思っていました。

以上のとおり、私は、Ｙとの間で、令和４年２月８日、本件契約を締結しました。」

【Ｙの供述内容】

「私は令和４年２月８日、Ｘに本件工事を発注しましたが、報酬は1000万円ではなく、700万円でした。Ｘが私に対し、1000万円を下回る報酬額で請け負うのは難しいと言ったことはなく、令和３年の年末頃に本件建物を見た際、700万円程度でできると言い、令和４年２月２日、本件工事の報酬金額を700万円と見積もった本件見積書②を私に交付しました。そこで、私は、同月８日、Ｘに対し、本件工事を報酬700万円で発注したいと伝え、Ｘとの間で、本件工事の請負契約を締結したのです。私から外壁工事の項目を除いた見積書を作ってほしいとは言っていません。確かに、本件見積書②には、本件工事としてＸが施工した外壁工事に関する部分の記載がありませんが、私は、本件見積書②の交付を受けた当時、Ｘから、外壁工事分はサービスすると言われていました。本件見積書①は、私が運転資金として300万円を上乗せして銀行から融資を受けたいと考え、Ｘにお願いして、銀行提出用に作成してもらったものです。私は、本件見積書①を銀行に提出しましたが、結局、融資を受けられたのは700万円でした。本件見積書②は、本件工事の承諾を得る際、賃貸人に見せています。」

以上を前提に、以下の問いに答えなさい。

弁護士Ｐは、本件訴訟の第３回口頭弁論期日までに、準備書面を提出することを予定している。その準備書面において、弁護士Ｐは、前記の提出された書証並びに前記【Ｘの供述内容】及び【Ｙの供述内容】と同内容のＸ及びＹの本人尋問における供述に基づいて、ＸとＹが本件契約を締結した事実が認められることにつき、主張を展開したいと考えている。弁護士Ｐにおいて、上記準備書面に記載すべき内容を、提出された書証や両者の供述から認定することができる事実を踏まえて、答案用紙１頁程度の分量で記載しなさい。なお、記載に際しては、冒頭に、ＸとＹが本件契約を締結した事実を直接証明する証拠の有無について言及すること。

〔設問４〕

仮に、弁護士Ｑにおいて、〔設問２〕(2)の本件訴訟手続を利用して選択できる訴訟行為を行わないまま、本件訴訟の口頭弁論は終結し、その後、Ｘの請求を全部認容する判決が言い渡され、同判決は確定したものとする（以下、この確定した判決を「本件確定判決」という。）。Ｘは、Ｙが支払わないので、本件確定判決を債務名義として、ＹのＡ銀行に対する預金債権を差押債権とする債権差押命令の申立てをしたところ、これに基づく差押命令が発令されて、同命令がＡ銀行及びＹに送達された。

弁護士Ｑは、Ｙの代理人として、〔設問２〕の【Ｙの相談内容】(b)を踏まえ、本件確定判決に係る請求権の存在又は内容について異議を主張して、本件確定判決による強制執行の不許を求めることができるか、結論を答えた上で、その理由を民事執行法の関係する条文に言及しつつ、判例を踏まえて簡潔に説明しなさい。

［関係図］

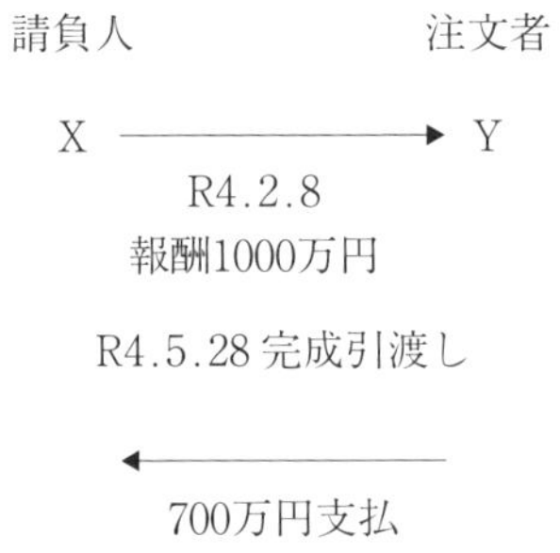

請負人　　　　　　注文者

Ｘ ──────→ Ｙ

R4.2.8

報酬1000万円

R4.5.28 完成引渡し

←──────

700万円支払

解　説

Ⅰ　訴訟物～〔設問１〕(1)(2)

1　訴訟物～〔設問１〕(1)

Ｓ　設問１(1)は、訴訟物を問う問題ですが、遅延損害金も求めています。

Ｔ　そのとおりで、訴訟物は２つになりますね。

Ｓ　請負契約に基づく報酬請求権と履行遅滞による損害賠償請求権です。質問ですが、請負契約に基づく請負代金請求権でもいいですか？　債務不履行による損害賠償請求権でもいいでしょうか？

T　契約に基づく請求の場合、○○契約に基づく○○請求権というように契約と請求権で特定します。「○○契約」や「○○請求権」というのは、条文に規定があればそれを使い、それがない場合は、一般に使われている名称を使うことになります。報酬請求権というのは、民法632条や633条で「報酬」という用語が使われていますので、それが望ましいと思いますが、別に請負代金請求権でも差し支えないと考えられます。履行遅滞による損害賠償請求権と債務不履行による損害賠償請求権ですが、条文は民法415条ですので、債務不履行による損害賠償請求権と記載しても、別に誤りというわけではありませんが、そのなかに、履行遅滞、履行不能、不完全履行と態様が分かれていますので、履行遅滞による損害賠償請求権としたほうがよいと思います。

2｜請求の趣旨〜〔設問１〕⑵

S　設問１⑵は、請求の趣旨を問う問題です。

T　訴訟物は２つになりますので、それをうまく表現することになりますね。

S「Ｙは、Ｘに対し、300万円及びこれに対する令和４年５月29日から支払済みまで年３％の割合による金員を支払え」ということになります。

T　そうです。報酬請求権は、民法633条により引渡しと同時履行の関係にありますので、本件建物を引き渡した以上、その翌日から遅延損害金を請求できると考えられます。

S　細かい話ですが、年３分と記載すべきか、年３％と記載すべきか、迷うのですが。

T　同じですので、どちらでもよいことですが、条文に従うのがよいと思います。改正民法は、令和２年４月１日施行ですので、それ以前と以後で年５分と年３％を使い分けるというように。

Ⅱ　請求原因〜〔設問１〕(3)(4)

1　〔設問１〕(3)

S　一部請求でややこしいんですが。

T　まずは、訴訟物が２つありますので、それを意識して記載するのが前提です。

S　条文は、民法633条ですね。

T　そうです。請負契約に基づく報酬請求権の場合、報酬は、仕事の目的物の引渡しと同時に支払わなければなりません（民633条本文)。つまり、報酬の支払と同時履行の関係に立つのは、目的物の引渡しであって、「仕事の完成」は先履行（報酬は後払い）ということになります（[基礎編] 305頁参照)。したがって、Xが請負契約に基づいて報酬請求権を行使するためには、「仕事の完成」まで主張・立証する必要があります。この結果、報酬請求権を行使するためには、

①　請負契約の締結
②　仕事の完成

が必要です。つまり、

①　Xは、令和４年２月８日、Yとの間で、本件工事を報酬1000万円で請け負った。
②　Xは、令和４年５月28日、本件工事を完成させた。

となります。

履行遅滞による損害賠償請求権は、どうなりますか。

S　同時履行の抗弁権を排斥する必要があるのでしょうか？

T　同時履行の抗弁権があれば、履行遅滞に陥らないと考えられますので（[基礎編] 129頁参照)、同時履行をつぶしておく必要がありますね。

S　そうしますと、報酬の支払いと同時履行の関係にある「目的物の引渡し」も必要になります。

T　それと、履行遅滞による損害賠償請求権ですから、履行期の経過も必要になります。履行期は民法633条により引渡しと同日となりますから、引渡日の翌日から遅滞に陥ると考えられます。

S　そうしますと、「Xは、令和４年５月28日、Yに対し、本件建物を引き渡した」、「令和４年５月28日は経過した」となります。でも、これだと、Xは、Yに対し、1000万円とその遅延損害金を請求していることになり、300万円を請求していことと相容れないのではありませんか。

T　そこで、訴状や判決書では、「よって書き」のところで、「1000万円のうち300万円の支払を求める」というように記載し、訴訟物が300万円ということがわかるようにしますが、本問では「よって書き」は記載しないこととなっていますので、請求原因としては1000万円を請求しているようにみえます。1000万円全額の支払いを求めているのか、あるいは、本問のように一部弁済を受けたので残額を請求しているのかなどは、請求原因をみてもわかりません。

S　そうしますと、請求原因としては、1000万円を請求しているようにみえてもよいということですか？

T　そうです。「よって書き」を確認しないことにはいくら請求しているのかがわからないというケースですね。令和３年の問題でも解説しましたが(185頁)、令和３年の問題だと55万円が訴訟物ですが、「よって書き」を確認しないことには、いくら請求しているのかわかりません。

2　〔設問１〕(4)

S　「判例を踏まえて」とか「訴訟物ごとに」と注文があります。「判例」というのは……。

T　「判例を踏まえて」というのは、判例とは異なる趣旨で記載されると採点で困るからという配慮と思われますが、実務科目なので、最高裁判例がある場合には、それにあえて異を唱えるという事案でない限り、最高裁判例に従うものですから、「判例を踏まえて」とわざわざ書かなくてもと思いますが、司法試験予備試験なので、判例と異なる見解を誤りとするわけにはいかず、慎重になったのですかね。

S　判例というのは、何ですか。

T　う～ん、よくわかりませんね。一部請求で著名なのは、外側説（最判平６・11・22民集48巻７号1355頁）ですが、抗弁で問題になるものですし……。

S　抗弁で問題になるというのは？

T　本問でいえば、抗弁で700万円の弁済を主張・立証しても、請求原因は1000万円ですから、300万円が残りますので、それだけでは主張自体失当になります（[基礎編] 65頁参照）。ほかに300万円の免除等の債権消滅事由を主張する必要があります。いずれにしましても、これらは抗弁の問題ですね。設問は請求原因ですから、判例を調べてもらえますか。

S　え～っと、請負人の目的物の引渡義務と注文者の報酬支払義務は同時履行の関係に立つとする大判大５年11月27日（民録22輯2120頁）というのがあります。

T　それを「判例を踏まえて」といっているのですかね。著名な判例ではありませんが。まあ、ここでは、上記(3)のとおり記載した理由を簡潔に説明するだけなので、それでいいように思います。「判例を踏まえて」という設問ですが、あまり意味はなく、「判例に従って記載せよ」というような意味のように思いますね。

S　そうしますと、解答としては、(3)で挙げた４つについて、訴訟物ごとに記載しますと、請負契約の報酬請求権の請求原因として、①請負契約の締結、②仕事の完成、履行遅滞による損害賠償請求権の請求原因として、ほかに、③ＸからＹへの本件建物の引渡し、④履行期の経過が必要です。理由としては、請負人が請負契約による報酬請求権を行使するためには、①が前提となりますし、請負人の本件建物の引渡しと注文者の報酬支払とは同時履行の関係にあります（民633条）ので、②仕事の完成は先履行になるからです。履行遅滞による損害賠償請求権の請求原因として、③ＸからＹへの本件建物の引渡しが必要となるのは、それにより同時履行の抗弁権がなくなり、Ｙの代金支払が遅滞に陥っていることを示したものです。履行遅滞による請求ですから、④履行期を経過したことも必要となります。

Ⅲ　抗弁～〔設問２〕(1)

1　〔設問２〕(1)(i)

T　〔設問２〕は抗弁ですね。請求原因で1000万円の請求ができることになっているので、それを消滅させることが必要ですね。

S　でも、Ｙは、報酬は、1000万円ではなく、700万円であるという主張ですが。

T　抗弁ですから、請求原因が認められた場合のことです。請求原因を否認しながら、抗弁を出すことはよくみかけます。300万円の免除は、請求原因として報酬額が1000万円であった場合に問題となるものです。

S　あっ、そうでした。請求原因で報酬が1000万円であることが前提ですね。そうしますと、(イ)は300万円の免除ですから、(ア)は700万円を消滅させる必要があることになります。問題文中に「私(Y)は、同日（令和４年５月28日）、……Ｘに700万円を支払いました」という部分をとるということですね。

T　そうです、「本件契約の債務の履行として」という「給付と債権の関連性」（[基礎編] 63頁参照）を忘れないようにしてください。

2　〔設問２〕(1)(ii)

S　本件は、抗弁として、1000万円の消滅を主張する必要があるということですね？

T　そうです。報酬請求権1000万円のうち300万円を求めるという一部請求ですが、弁済は本件訴訟で請求されていない部分から充当されます（最判平６・11・22民集48巻７号1355頁。外側説）ので、その部分の弁済も主張する必要があります。(ア)と(イ)の合計で1000万円となり、Ｘの請求を棄却する抗弁となります。このあたりは、[基礎編] 65頁をご覧ください。

〔図15〕 ブロックダイアグラム

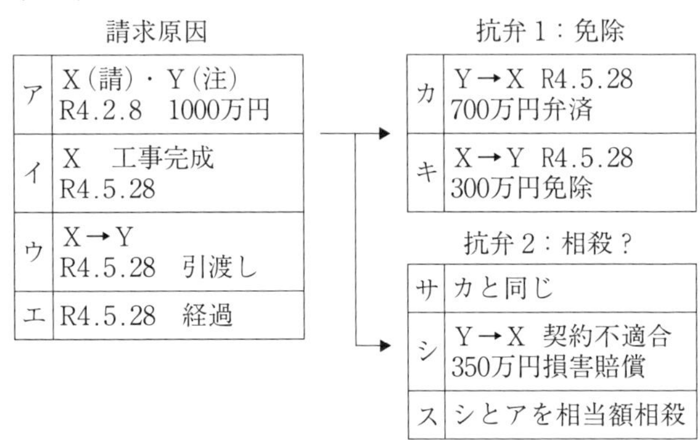

Ⅳ　民訴法～〔設問２〕(2)

S　「本件訴訟手続を利用して選択できる訴訟行為を判例を踏まえて挙げなさい」という変わった形式で、よくわかりませんが……。

T　本件訴訟手続を利用して選択できる訴訟行為というのは、Ｙとしては本件訴訟でいかなる主張をするかということですね。ＹがＸに対して350万円の損害賠償債権を有しているわけですから、どうなりますか？

S　それを訴訟手続で請求するか、あるいは相殺するかということかと思います。

T　そのとおりですね。反訴を提起する（民訴146条１項）か、損害賠償債権を自働債権として、Ｘの本件請求債権を受働債権として相殺する（民505条１項）ことになりますね。

S　判例を踏まえてというのは……。

T　最判令和２年９月11日（民集74巻６号1693頁）を踏まえて、ということですね（[基礎編] 314頁）。本問では、反訴請求をするとともに相殺を主張し、Ｘの本訴請求に理由がない場合には反訴の判断を求め、本訴請求に理由がある場合には、損害賠償債権を自働債権として本訴請求債権を受働債権とする相殺を主張する、というものです。本訴と反訴が分離されますと、ＹのＸに対する損害賠償債権は本訴と反訴の両方に出てくるので重複する訴えの提起（民訴142条）に当たるのではないかという点については、請負代金債権と修補に代わる損害賠償債権は、相殺による清算的調整を図るべき要請が強いものといえ、両者の弁論を分離することは許されないと解することにより、重複する訴えの提起を禁じた民訴法142条の趣旨に反しないと考えるものです。最判平成18年4月14日（民集60巻4号1497頁）が述べている予備的反訴という構成を修正したと考えられます。

S　なんだか民事訴訟法の問題のように思いますが。

T　私もそう思います。これまでの民事裁判実務では、訴訟物、主張、立証のいずれか（ほかに民事保全、民事執行等）を問うていましたが、そうした問題ではありませんね。

V　事実認定～〔設問3〕

T　事実認定の問題ですが、「冒頭に、XとYが本件契約を締結した事実を直接証明する証拠の有無について言及すること」とありますが、どう考えるかですね。

S　本問では、書証としては、本件見積書①と本件見積書②がありますが、いずれも成立に争いがありません。Xの代理人が主張を展開するのですから、本件見積書①をどうみるかということですかね。

T　問題文ではどうなっていますか？

S　Xの供述内容として、「本件工事の報酬金額を1000万円と見積もった本件見積書①を作成して、令和4年2月2日、Yに交付しました。Yが同月8日、本件工事を報酬1000万円で発注すると言いましたので、私（X）は、同日、本件工事を報酬1000万円で請け負いました」とあります。

T　契約の締結には、一方当事者の請負契約締結の申込みと相手方当事者の承諾が必要です（［基礎編］46頁）。本問では、Xが令和4年2月2日に本件見積書①をYに交付して、請負契約締結の申込みをし、Yが同月8日にそれを承諾した、ということになります。

S　本問では、XとYが本件契約を締結した事実を直接証明する証拠として、本件見積書①を挙げるかですが、本件見積書①はまだ申込みの段階なので、入らないように思いますが。

T　同感です。問題文に「本件契約を締結した事実を直接証明する証拠の有無」とありますので、挙げるべきではないと思います。双方が合意した契約書ではありませんので。気になるのは、Ｘの供述内容を挙げるかですね。証拠としては、本件見積書①、本件見積書②、Ｘの供述、Ｙの供述ですが、Ｘの供述は、前述のとおり、本件契約を締結した事実を直接証明する内容にはなっていますね。

Ｓ　でも、本人の供述ですから、本人の言い分どおりの内容になるのは当然で、それを問うているのではないと思いますが。

Ｔ　直接証拠がないかといえば、あることになりますので、書いておいたほうがよいと思います。本件契約を締結した事実の主張を展開することになっていますが、どうですか。

Ｓ　直接証拠ではありませんが、本件見積書①はやはり有力な証拠ではないですか？

Ｔ　そのとおりで、本件見積書①は真正な成立につき争いがなく、本件見積書①は本件工事の請負代金額が1000万円であったことを証明する有力な証拠となりますね。ただし、Ｙから請負代金額を700万円とする本件見積書②が提出されています（本件見積書②も成立に争いがない）ので、本件見積書①とどちらが信用できるかが問題となりますが、本件見積書①が信用でき、本件見積書②が信用できない理由を書くことになりますね。まず、本件見積書①が信用できる理由は？

Ｓ　Ｙが本件見積書①を銀行に提出していることがあります。この事実はＹも認めています。この事実から、本件見積書①が真実に合致することを示しているといえると思います。

Ｔ　本件見積書②を信用できない理由は？

Ｓ　Ｘは、「Ｙから、本件建物は賃借している物件なので、賃貸人に本件工事を承諾してもらわなければならないが、大掛かりなリフォームと見えないようにするため、外壁工事の項目を除いた見積書を作ってほしいと頼まれて作成したものです」と供述しています。Ｘは現実に外壁工事をしており（Ｙも認めています）、本件見積書②は実態と合っていません。この点につき、Ｙは、Ｘから外壁工事分をサービスすると言われた旨供述していますが、300万円もサービスすることはあり得ないと思います。

T　ほかに、請負代金額を1000万円とする本件契約書を作成していない理由についても触れておいたほうがいいように思います。XとYは十年来の仲であり、Xにおいて契約書を作らなくても大丈夫と考えたということです。

S　冒頭の直接証拠としてXの供述があることとは、どうつながりますか？

T　本件見積書①は直接証拠ではないわけですから、本件見積書①から直ちに本件契約を認めることはできません（［基礎編］331頁）。本件見積書①からXが1000万円で請け負うという申込みの意思表示をしたことを認め、Xの供述から、Yがそれを承諾したと認められることによって、本件契約が成立したと認定することになります。

なお、直接証拠であるXの供述の信用性を吟味し、信用性が高ければ、その供述から主要事実を認定するという方法もあります（このあたりは、『完全講義　民事裁判実務［実践編］』に記載します）。本問で、冒頭にXの供述が直接証拠になることを記載するようになっていますので、このことを意識した出題のように思えます。その場合は、参考答案の〔設問3〕の「別の参考答案」のように記載するのが相当といえます。

Ⅵ　民事執行～〔設問4〕

T　本年は、最後の問いで民事執行について問われています。例年、事実認定の問題が最後だったので、傾向が変わっていますね。この設問はどうですか？

S　〔設問2〕の〔Yの相談内容〕(b)からしますと、YはXに対し350万円の損害賠償債権を有しています。この債権を自働債権として相殺するのが相当ではないかと思います。

T　そのとおりで、Yは、Xに対し、請求異議の訴え（民執35条）を提起して、350万円の損害賠償債権を自働債権として、本件確定判決の請求権と対当額で相殺することが考えられます。相殺権は、債務者の新たな経済的負担によるものであり、前訴で主張しなかったとしても、既判力で遮断されず、基準時後に相殺権を行使したことを理由とする請求異議の訴えを提起することができます（最判昭40・4・2民集19巻3号539頁。［基礎編］369頁参照)。

S　本問は、「結論を答えた上で、その理由を民事執行法の関係する条文に言及しつつ、判例を踏まえて簡潔に記載しなさい」と注文が多いのですが……。それに判例があるのを知らないのですが……。

T　結論としては、本件確定判決による不許を求めることができるとし、その理由として、民事執行法35条を挙げる必要があります。「判例を踏まえて」とは、請求異議の訴えを提起することができないという逆の結論をとらないようにするためのものと思われますので、判例について言及する必要はないと思います。このようにみてくると、設問に出てくる「判例を踏まえて」というのは、設問で逆の結論を導かないようにするためのものであって、判例は特に重要なものではないように思います。

S　でも、〔設問２〕(2)のように、判例を知っているかで差が出る問題も出題されています。

T　確かに、そのとおりです。難しいですね（^_^)。

法務省公表の出題趣旨

設問１は、請負契約に基づく報酬支払請求権及びその附帯請求である履行遅滞に基づく損害賠償請求権が問題となる訴訟において、原告の希望に応じた訴訟物、請求の趣旨、請求を理由づける事実及びその事実が必要となる理由について説明を求めるものである。前記各訴訟物の法律要件及び要件事実の正確な理解が問われている。

設問２は、一部請求の事案において、設問１の請求原因に対する抗弁として機能するために必要な要件事実及びその事実が必要となる理由の説明を求めるほか、被告が原告に対し債権を有する場合に債権回収の方法として本訴訟手続を利用して選択できる訴訟行為を問うものである。一部請求の事案における判例の理解を踏まえて、請求原因に対する抗弁の機能を正確に理解しているかが問われている。また、債権回収の観点から、適切な訴訟行為を選択できるか、実体法及び手続法の理解が問われている。

設問３は、供述が直接証拠となる事案において、要証事実との関係で証拠構造を正確に捉えること、間接証拠から推認できる重要な事実（原告に有利なもの、不利なもの）に言及した上で、要証事実が認められる理由を説得的に論じることが求められている。

設問４は、請求異議の訴えにおける異議事由が生じる基準時を指摘した上で、相殺の意思表示に関する判例の理解を踏まえて解答することが求められている。

【参考答案】

〔設問１〕

⑴　請負契約に基づく報酬請求権、履行遅滞による損害賠償請求権

⑵　300万円およびこれに対する令和４年５月29日から支払済みまで年３％の割合による金員を支払え。

⑶１　Ｘは、令和４年２月８日、Ｙとの間で、本件工事を報酬1000万円で請け負った。

２　Ｘは、令和４年５月28日、本件工事を完成させた。

３　Ｘは、同日、Ｙに対し、本件建物を引き渡した。

４　令和４年５月28日は経過した。

⑷　請負契約の報酬請求権の請求原因として、①請負契約の締結、②仕事の完成が必要である。なぜなら、請負人が請負契約による報酬請求権を行使するためには、①が前提となるし、請負人の本件建物の引渡しと注文者の報酬支払とは同時履行の関係にある（民633条）ので、②仕事の完成は先履行になるからである。

履行遅滞による損害賠償請求権の請求原因として、ほかに、③ＸからＹへの本件建物の引渡しが必要となるのは、それにより同時履行の抗弁権が消滅することを示したものである。④履行遅滞による請求なので、履行期を経過したことも必要となり、民法633条により引渡日（令和４年５月28日）を経過したことが挙げられる。

〔設問２〕

⑴(i)　Ｙは、令和４年５月28日、Ｘに対し、本件契約の債務の履行として、700万円を支払った。

⑴(ii)　本件は、請負代金請求権1000万円のうち300万円を求めるという一部請求であるが、弁済は本件訴訟で請求されていない部分（700万円）から充当される（外側説）ので、その部分の弁済を主張する必要があるため。

⑵　損害賠償債権350万円の支払を求めて反訴を提起する（民訴法146条１項）とともに、損害賠償債権を自働債権としてＸが求める本訴請求債権と対当額で相殺する（民法505条１項）旨の抗弁を提出することが考えられる。

〔設問３〕

１　直接証拠としてＸの供述内容がある。なお、本件見積書①は、ＸがＹに

宛てた見積書にすぎず、ＸとＹとで本件契約を締結した事実を直接証明するものではない。

2　本件見積書①は真正な成立につき争いがなく、本件見積書①は本件工事の請負代金額が1000万円であったことを証明する有力な間接証拠となる。もっとも、Ｙから請負代金額を700万円とする本件見積書②が提出されている（本件見積書②も成立に争いがない）ので、本件見積書①とどちらが信用できるかが問題となるが、次の各事実からすると、本件見積書①を信用することができる。

本件見積書①は、ＸがＹに対し、令和４年２月２日、Ｙの要望どおりのリフォームをするのであれば1000万円を下回る報酬額で請け負うのは難しいとの話をして、それを交付したものである。Ｙは本件見積書①を銀行に提出しており（この事実はＹも認めている）、この事実から、本件見積書①が真実に合致することを示している。

これに対し、本件見積書②は、Ｙから、大掛かりなリフォームと見えないようにするため、外壁工事を除いた見積書を作ってほしいと頼まれて作成したものにすぎない。Ｘは現実に外壁工事をしており（Ｙも認めている）、本件見積書②は実態と合っていないことからも明らかである。この点につき、Ｙは、Ｘから外壁工事分をサービスすると言われた旨供述するが、300万円もサービスすることはあり得ない。

なお、請負代金額を1000万円とする契約書を作成していないが、Ｘにおいて、ＸとＹは十年来の仲であり、作成しなくても大丈夫と考えたからである。

3　以上のとおり、本件見積書①は信用することができ、本件見積書①にＸの供述を併せると、本件工事の請負代金額が1000万円であったと認めることができる。

〔別の参考答案〕

1　直接証拠としてＸの供述内容がある。Ｘの供述の信用性が高ければ、Ｘの供述から本件契約の締結を認めることができる。

2　Ｘの供述を裏付けるものとして、本件見積書①がある。（以下は、上記の２と同じ）

3　以上のとおり、Ｘの供述を裏付ける本件見積書①は信用することができ、Ｘの供述の信用性は高いといえる。したがって、直接証拠であるＸの供述から、本件工事の請負代金額が1000万円であったと認めることができる。

〔設問４〕

結論～本件確定判決による強制執行の不許を求めることができる。

理由～Ｙは、Ｘに対し、請求異議の訴え（民事執行法35条）を提起し、350万円の損害賠償債権を自働債権として本件確定判決の請求権と対当額で相殺する旨の主張をすることができる。なぜなら、相殺は相手方への意思表示によって効力が生じるから、前訴で相殺適状にあっても、相殺の意思表示をしていない以上、後訴で相殺の意思表示による本件確定判決の請求権の消滅を理由として請求異議の訴えを起こすことができるからである。

〔著者略歴〕

大 島 眞 一（おおしま　しんいち）

［略歴］

神戸大学法学部卒業。1984年司法修習生（38期）。1986年大阪地裁判事補。函館地家裁判事補、最高裁事務総局家庭局付、旧郵政省電気通信局業務課課長補佐、京都地裁判事補を経て、1996年京都地裁判事。神戸地家裁尼崎支部判事、大阪高裁判事、大阪地裁判事・神戸大学法科大学院教授（法曹実務）、大阪地裁判事（部総括）、京都地裁判事（部総括）、大阪家裁判事（部総括）、徳島地家裁所長、奈良地家裁所長を経て、2020年大阪高裁判事（部総括）。

［主要著書・論文等］

『ロースクール修了生20人の物語』（編著、民事法研究会・2011）、『Q&A 医療訴訟』（判例タイムズ社・2015）、『司法試験トップ合格者らが伝えておきたい勉強法と体験記』（編著、新日本法規・2018）、『完全講義民事裁判実務の基礎　上巻〔第３版〕』（民事法研究会・2019）、『交通事故事件の実務』（新日本法規・2020）、塩崎勤ほか編『【専門訴訟講座①】交通事故訴訟〔第２版〕』（共著、民事法研究会・2020）、『続　完全講義民事裁判実務の基礎』（民事法研究会・2021）。『民法総則の基礎がため』（新日本法規・2022）

「法科大学院と新司法試験」判タ1252号76頁（2007）、「大阪地裁医事事件における現況と課題」判タ1300号53頁（2009）、「交通事故における損害賠償の算定基準をめぐる問題」ジュリ1403号10頁（2010）、「規範的要件の要件事実」判タ1387号24頁（2013）、「医療訴訟の現状と将来――最高裁判例の到達点」判タ1401号５頁（2014）、「高齢者の死亡慰謝料額の算定」判タ1471号５頁（2020）、「交通事故訴訟のこれから」判タ1483号５頁（2021）等。

完全講義　法律実務基礎科目［民事］〔第２版〕
――司法試験予備試験過去問 解説・参考答案

令和５年４月12日　第１刷発行

定価　本体2,400円＋税

著　者　大島　眞一
発　行　株式会社　民事法研究会
印　刷　株式会社　太平印刷社

発行所　株式会社　民事法研究会
〒150-0013　東京都渋谷区恵比寿 3-7-16
〔営業〕 TEL 03(5798)7257　FAX 03(5798)7258
〔編集〕 TEL 03(5798)7277　FAX 03(5798)7278
http://www.minjiho.com/　　info@minjiho.com

落丁・乱丁はおとりかえします。　ISBN978-4-86556-556-0 C3032 ￥2400E
カバーデザイン　関野美香